RESEARCH ON THE INFLUENCE
RELATIONSHIP BETWEEN CORPORATE RELATIONSHIP
CAPITAL AND KNOWLEDGE TRANSFER EFFECT

企业关系资本
对知识转移效果的影响研究

林广波◎著

经济管理出版社
ECONOMY & MANAGEMENT PUBLISHING HOUSE

图书在版编目（CIP）数据

企业关系资本对知识转移效果的影响研究 / 林广波著 . — 北京：经济管理出版社，2020.8
ISBN 978-7-5096-7319-5

Ⅰ . ①企…　Ⅱ . ①林…　Ⅲ . ①企业管理—知识管理—研究　Ⅳ . ① F272.4

中国版本图书馆 CIP 数据核字（2020）第 139208 号

组稿编辑：范美琴
责任编辑：范美琴
责任印刷：黄章平
责任校对：王淑卿

出版发行：经济管理出版社
（北京市海淀区北蜂窝 8 号中雅大厦 A 座 11 层　100038）
网　　址：www. E-mp. com. cn
电　　话：（010）51915602
印　　刷：三河市延风印装有限公司
经　　销：新华书店
开　　本：720mm × 1000mm/16
印　　张：8.75
字　　数：130 千字
版　　次：2020 年 8 月第 1 版　　2020 年 8 月第 1 次印刷
书　　号：ISBN 978-7-5096-7319-5
定　　价：58.00 元

联系地址：北京阜外月坛北小街 2 号
电话：（010）68022974　　邮编：100836

前 言

在经济全球化背景下，世界生产资源的分配权正成为企业竞相争夺的热点之一，为保持企业的核心竞争力，知识资源获取与技术改革创新是企业发展的必然之路。先进而全面的知识资源往往不是由单独的企业长期把持的，而是存在于多家企业的合作中，于是学者们开始从企业网络视角去研究企业知识竞争力问题。已有研究指出，企业的关系资本、企业网络能力和知识结构均有可能影响企业的知识竞争力。而目前已有的研究多是从企业内部的技术发展和知识转移过程的角度来探究企业的知识竞争力因素，较少从企业自身所处的外部网络关系及其网络嵌入行为影响的角度开展研究。在儒家文化影响下，中国人对人与人之间的关系十分看重，认为关系是人们之间的隐性联结，对人们的社交效果有巨大助力作用，而且这种关系作用也适用于组织之间。基于此，本书提出并探索以下问题：企业自身所拥有的关系资本带来的情感因素和特定活动是否会嵌入企业行为意愿进而影响组织间知识转移效果，其所具备的网络关系能力能否起到调节作用。

本书首先通过文献回顾分析了企业关系资本、企业网络能力和知识转移等研究变量的内涵和维度划分以及它们之间的影响关系，在文献分析的基础上构建企业关系资本、企业网络能力对知识转移的影响概念模型；基于文献回顾的方式理论推导出企业关系资本六个维度（信任、承诺、专用投资、冲突管理、有效沟通、共同行动）与知识转移（知识转移意愿和知识转移效果）之间的关系和假设以及企业网络能力对该影响路径的调节效应分析和假设；然后进行研究设计，依据现有的成熟变量量表结合实际研究情况设计问卷，对中国高新技术企业进行数据采集，在现有研究基础上开发并验证中国高新技术企业关系资本的测量量表。对各研究变量进行信度和效度分析后，本书运用结构方程分析方法对企业关系资本六个维度与企业知识转移意愿和知识转移效果的作用机理和影响路径进行了模型检验，实证检验了知识转移意愿在企业关系资本对知识转移效果影响路径的中介作用以及企业网络能力对企业关系资本与企业知识转移意愿关系的调节作用，进而从理论上和实证检验中揭示企业关系资本对知识转移效果的影响。

根据上述研究内容和思路，本书得出三点结论：一是揭示企业关系资本对知识转移效果的积极影响作用，即企业关系资本的六个维度（信任、承诺、专用性投资、冲突管理、有效沟通和共同行动）均有效促进了知识转移。二是探讨了企业关系资本影响企业知识转移效果的路径机制。企业关系资本在促进企业知识转移效果的作用路径中，知识转移意愿起到中介作用。三是从企业所处网络关系的环境角度揭示了企业网络能力在企业关系资本对企业知识转移意愿中发挥正向调节作用。即企业关系资本对企业知识转移意愿的促进作用与企业规划、配置和控制自身与其他组织之间的网络关系能力有关。即企业网络能力越强，企业关系资本在促进组织间知识转移意愿方面的作用就越明显。

本书突破了以往只从技术和知识的角度去探讨促进企业知识转移的原因。从企业自身的关系资本所带来的情感因素等方面探究企业如何利用其自身关系资本来促进知识转移和吸收，从而提高企业知识转移的有效性。本书的研究有助于从企业网络能力的角度审视企业关系资本对知识转移效果影响的理论解释。本书还深入探究了企业关系资本各维度对知识转移效果影响的过程机制，并证实了知识转移意愿在企业关系资本对知识转移效果的影响中起到中介作用。企业网络能力变量的引入反映了企业网络嵌入行为背景下企业网络能力对企业关系资本运用的调节作用。

目录

1 绪论

本章主要是交代本书的研究背景，提出要解决的问题，并论述全书的研究意义、所采用的研究方法和技术路线，明确研究内容和全书的结构，阐述研究的创新之处。

1.1 研究背景

在经济全球化飞速发展的背景下，市场更具多样性，新技术、新产品的更新迭代也在加快，这使得企业想要获得并保持可持续的竞争优势难度加大。相关领域的研究指出，知识竞争是21世纪企业的重点竞争能力，中国人对人与人之间的关系十分看重，认为关系是人们之间的隐性联结，对人们的社交效果有巨大助力作用，而且这种关系作用也适用于组织之间。知识技术等随着全球化的经济趋势呈现出跨组织联合开发趋势，单个企业的知识研发能力不足以获得知识竞争优势（Wu，Xu and Wang，2006）。因此，原子企业必须与其他企业或组织一起学习，从其他组织中获得知识资源，对知识资源进行有效的转移，以便深入融合和利用后形成知识创新优势，进而形成企业竞争优势（Huber，1991），然而学术界对跨组织间知识转移的研究表明，组织间的知识转移困难重重，需要明晰其中的作用机理，方可产生有效的知识转移（Singh，2005）。

1.1.1 企业知识创新需要知识转移

彼得·德鲁克认为，企业的知识资源远比金融资本和固定资产更为重要，它是决定企业生存发展的稀缺资源。原子企业必须拥有自己独特的知识资源方能够进行知识创新，保持领先的竞争优势（Teece，1997）。独特的知识资源不是一成不变的，它是持续的动态更新的特别的高新知识技术更需要其更新的步骤。正如 DeBoer（1999）提出的知识资源是需要不断的更新以适应市场的激烈变化，其静态存量并不是知识资源的重要衡量指标，而知识的创新程度才是。由于技术的快速变化，知识变化非常迅速，没有独特的知识和技术优势的企业在激烈的市场竞争中会被超越甚至被淘汰。企业本身所拥有的知识可能并不总是能够跟得上环境并及时更新。为此，获取外部知识以及通过组织间合作转移知识来更新自身的知识资源以获取持续的企业知识创新能力，而跨组织的知识转移行为，则必须涉及原子企业对其他企业或组织的目标选择与定位，进而有选择地与其他组织进行知识转移，因此，从企业群体网络的高度来看，企业间的知识转移更应是在一定的组织成员之间的，进行知识转移合作的目标应是互惠互利的，因此，知识转移应该是组织间相互的行为，这就形成了组织间知识共享，通过知识共享，知识观点的碰撞才有可能产生更多的知识创新行为。然而，跨组织的知识共享，虽然非常必要但是目前研究的成果有待深化，因此，基于企业的知识创新需求，组织间的知识转移正成为学者们竞相研究的重点。

1.1.2 企业关系资本助力组织间知识转移

关系资本是个人或企业通过其与其他人或其他组织进行社会交往而形成的一种特殊的潜在的资源（蔡双立、孙芳，2013）。影响企业关系资本形成的因素有企业的竞争对手、企业的客户、政府、科研机构和服务机构等。良好而稳健的关系网络是一种关键而独特的资源，有利于企业实现其目标，是企业可用的外部资源中的核心部分。进一步的研究发现，有效利用企业关系资本对企业竞争力的提升有重要作用（Nahapiet and Ghoshal，1998）。中国是一个发展人与人之间关系历史悠久的国度，形成了独特的文化形态，如古时的儒家思想讲究中庸之道，强调凡事不可取其最极端，要与周围的人相处融洽。受儒家文化影响，中国的经济行为也很重视人与人之间的关系，常常能够影响经济行为的发生，人与人之间的认同同样也上升到了企业或组织层面，企业关系资本对于企业来说是个非常重要的隐性资源（Tsang，1998）。部分中国学者认为，企业的社会关系资本是中国企业进行转型升级的重要基石，而企业的关系资本则是社会资本的重要维度之一（边燕杰、邱海雄，2000）。

相关的研究指出，企业关系资本作为一种企业的外在的关系型资源，其作用有三个：一是产生关系租金（Colert，1996）。企业在与其他组织交流沟通的过程中，高质量的企业关系资本能够增加双方的信任、承诺友谊等情感因素，在情感的驱动下使其经济行为具有友好性，进而产生经济租金，这种关系租金来自企业与其他组织隐性的情感关系，因此其具有独特性和难以模仿性。二是企业关系资本有助于防范双边的机会主义行为（Coleman，1988）。由于关系资本是基于双方之间的相互信任等情感因素（Hamel and Prahalad，1994），而且由于企业群体网络中消息具有公开性，一旦关系双方的一方基于利益做出不利于另一方的经济行为时，这种行为会被视同背叛，导致双边情感关系破裂，且这一不利的消息会在企业群体网络中迅速传播，越是企业关系资本高的企业其“背叛”付出的成本越高，因此，企业关系资本有助于防范双方的机会主义（Williamson，1983）。三是企业关系资本能够促进拥有高质量关系资本的企业的知识创新（Kale et al.，2002）。在企业群体网络中，拥有高质量企业关系资本的企业，能够和更多的网络组织成员进行更频繁和密集的消息沟通，更有可能将对方的知识转移到自己的企业中来，这种频繁的交流和沟通能够促进企业观念的更新，产生知识与技术的碰撞，形成良好的知识转移效果，进而产生知识创新，这对提升企业的竞争力非常有帮助。

1.1.3 企业网络能力的调节作用

在之前的分析中，企业关系资本具有促进知识获取、转移和获得竞争优势的作用。然而，实际上关系资本只是一种资源，它不能自然而然地带来企业竞争优势，只有通过各自资源的整合和合理利用，才可以形成企业的核心竞争力。相关研究显示，对企业关系资本的开发利用能够直接影响企业相对于其他竞争企业的优势（Blyer and Coff，2003）。企业关系资本是动态变化的，即便企业拥有较高质量的企业关系资本，如果不进行开发和维护，也难以保持，因此这就需要另一种企业能力——网络能力。从企业群体关系的角度来看，原子企业作为个体嵌入一个复杂而庞大的企业群体关系网络中，企业在这种网络环境中需要营造良好的企业关系资本，以便在与其他网络组织成员交往时获得信任和重视，进而获得知识转移的效果，而良好的企业关系资本需要企业网络能力来发挥（Moller and Halinen，1999；Hagedoom，2006）。良好的企业网络能力使企业具有审视和预测其所处网络发展的能力，并且依据良好的企业关系资本可优化企业与其他网络组织成员的关系，使企业占据网络的中心位置，网络中心的位置使整个网络的信息流和知识流大部分流经网络中心企业，这些大量转移的信息、知识和技术能够使原子企业增加对这些知识和信息的利用和整合，提升知识转移的效果。因此，在企业关系资本对知识转移效果影响的路径上，企业的网络能力起到了调节作用。

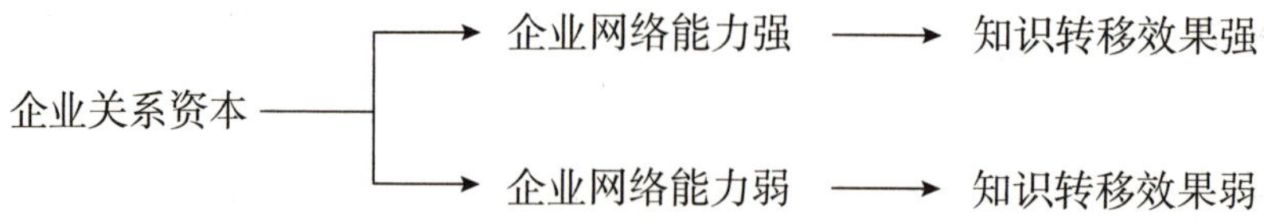

图 1.1 企业网络能力调节示意图

1.2 研究意义

1.2.1 理论意义

（1）已有的关于企业关系资本作用的研究，对企业关系资本的维度划分尚未有统一的定论，其他关于企业关系资本对知识转移效果作用的研究停留在理论探讨阶段，缺乏实际的数理实证证据。因而，本书重点在前人研究的基础上开发中国高新技术企业的关系资本维度测量量表；基于实证分析探讨企业关系资本各个维度对知识转移效果的影响关系。因此，本书的研究结论将有助于从理论的角度揭示企业关系资本各个维度对组织间知识转移效果的影响机理。

（2）本书引入了企业网络能力变量，探讨了企业差异化网络能力在网络群体环境中对企业关系资本的积极调节作用，并解释了企业网络能力发挥的调节作用。已有的研究对于企业网络能力对知识转移的影响关注比较少，成果也不是很多，主要的研究还是基于企业网络能力对企业绩效的影响，本书将企业关系资本和知识转移效果以及企业网络能力并入一个研究范式中，研究了企业关系资本对知识转移效果的影响，并分析了在群体网络环境下，企业网络能力对企业关系资本及知识转移效果的影响。本书揭示了关系资本在网络能力因素影响下如何在影响知识转移效果方面发挥重要作用。

1.2.2 实践意义

（1）本书从理论上阐明了企业关系资本对知识转移效果的作用机理，明晰了企业关系资本在知识转移效果方面的重要作用，能够引起企业管理高层对开发和利用自身企业关系资本的重视；本书也指明了企业网络能力对企业关系资本对知识转移效果的调节作用，企业应重视利用网络能力，审视企业所处网络环境的趋势，找出自身企业的知识缺口，充分利用企业关系资本建立广泛的企业网络关系，寻找知识转移的目标组织，营造良好的知识转移氛围，提升知识转移的效果，进而促进企业的创新绩效。

（2）研究企业关系资本不同维度对于知识转移效果的影响，帮助企业理解企业关系资本的情感因素——信任、承诺，和企业关系资本的行为要素——有效沟通和专用性投资、冲突管理和共同行动对企业知识转移效果的影响，使得企业了解提升企业关系资本的关键点，明白这些关键点对知识转移效果的影响机理，进而针对关键点进行有效的经营，为企业能够抓住关键点，提升企业知识创新绩效提供理论和实践的指导。

1.3 研究方法与技术路线

1.3.1 研究方法

1.3.1.1 文献分析法

本书主要通过文献检索法对中国及其他国家有关企业关系资本和知识转移的研究情况进行梳理，发现尽管前人对企业关系资本和知识转移的研究已有一定的研究成果，但从企业网络能力视角探讨企业关系资本和知识转移的影响关系的研究较少。据此，本书通过查阅大量文献，构建了企业关系资本对知识转移的影响路径模型，分析了企业关系资本六个维度对知识转移效果的积极影响以及知识转移意愿在企业关系资本对知识转移效果的影响的中介作用。通过文献分析发现企业网络能力对企业关系资本和知识转移意愿的调节关系。通过文献分析进行理论推导出本书的理论模型框架及各个变量之间的假设关系。

1.3.1.2 问卷调查法

本书数据调查部分主要是采用问卷调查法，根据文献综述的整理结果采用前人对企业关系资本和企业网络能力等研究变量的成熟研究量表，再结合本书自身的情况设计问卷，问卷的形成也咨询了行内的专家，最终形成初始问卷。然后采用小样本问卷采集和回收，对问卷的信度和效度进行分析，最终确定本书问卷，再采用大范围发放形式回收问卷。

1.3.1.3　描述性统计分析方法

本书对收集到的数据样本的各个变量均进行描述性统计分析，主要是分析了控制变量中的企业行业属性、企业所有制形式、企业规模情况、企业所在地区的分布情况以及各个研究变量的最大值和最小值以及均值和方差，查看其数值分布是否合理，其离散程度等。

1.3.1.4　结构方程分析方法

通过收集中型样本数据，采用探索性因子分析和验证性因子分析来检验每个核心变量的信度和效度，运用针对虚拟变量的中介效应检验和调节变量检验方法，这些均用到了结构方程分析方法，具体是使用 SPSS21 和 AMOS24 依据本书的理论框架进行结构方程的建模，并对模型分析，依据分析结果修改和最终确定本书的理论模型。

1.3.2　技术路线

本书采用的研究步骤如下：一是对感兴趣的组织间知识转移进行广泛的文献阅读，查找到企业关系资本对其潜在的影响，进而查找相关的研究背景，以此提出研究的问题和对象形成研究关键字。二是在广泛的文献分析基础上，对已有研究理论进行完整分析，明晰企业关系资本、知识转移效果以及涉及的企业网络能力各个核心变量研究发展的来龙去脉。三是在这些研究变量的各种研究内容中寻找各研究变量的内在联系，并对它们之间的影响关系进行有针对的支持观点的文献综述，在此基础上理论推导本书的理论研究框架和进行变量间的假设设定。四是对本书的理论框架进行研究设计，研究设计严格遵守科学研究的规定，合理地设计研究方法。五是进行变量的测量研究及数据的采集。六是依据数据分析结果对本书的理论框架及假设进行检验。七是得到研究的结论和进一步的研究建议。即在本书各部分的研究中，遵循一般科学研究步骤来展开研究：文献综述—研究背景、理论分析和研究假设—

变量选择和样本数据说明—实证检验—结论及进一步的分析。本书的技术路线如图 1.2 所示。

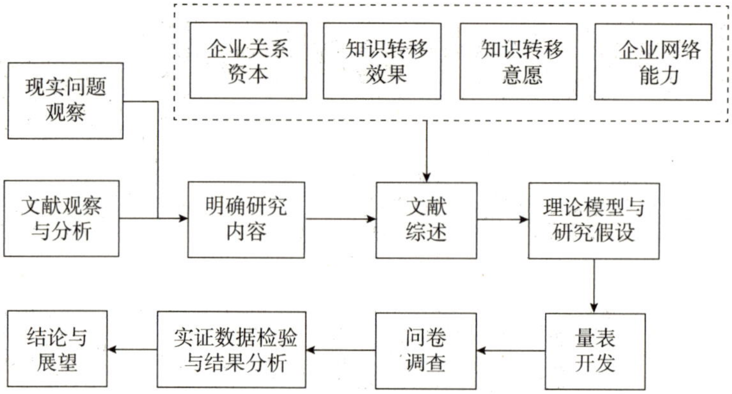

图 1.2　技术路线

1.4　研究内容与研究结构

1.4.1　研究内容

本书对企业关系资本、企业网络能力与知识转移效果的关系主要从以下几方面进行研究：一是针对目前研究对企业关系资本维度的划分尚不明确的状况，本书依据前人的研究基础，开发了适合于中国情景的高新技术企业的企业关系变量测量量表；二是针对企业关系资本无法直接作用于知识转移效果的理论研究现状，提出了企业关系资本作为一种资源，必须发挥进行知识转移双方的主观能动性，即知识转移双边的知识转移意愿，以此作为两者之间的中介变量，并开展实证分析，通过了中介作用的检验；三是将企业网络能力对企业关系资本的调节作用引入研究框架，辨析企业网络能力中的审视网络能力、创建网络关系能力、优化关系和网络占位能力对企业关系资本的对应维度的影响，进而对知识转移的意愿和效果进行研究，其调节能力的大部分假设得到了实证验证，因此上述各变量间的关系构建的理论模型即为本书研究的内容。

1.4.2 研究结构

（1）第 1 章是绪论，主要对研究的背景进行介绍，针对背景提出研究的问题，明确研究的对象和变量，对研究内容和研究方法进行介绍，提出主要研究的理论和实践意义，衡量本书的价值。

（2）第 2 章是对文献的回顾。对本书中研究的核心变量如企业关系资本、网络能力和知识转移效果等的来龙去脉进行研究，厘清这些核心要素相互之间的影响和内在联系。

（3）第 3 章提出了本书理论概念模型的构建过程和相关研究假设。在详细分析了企业关系资本、知识转移意愿和转移效果之间的逻辑关系之后，在这些理论分析的基础上，提出了企业关系资本与知识转移意愿和转移效果的关系假设。同时，在将企业置身于群体网络的情景基础上，对于企业关系资本受到企业网络能力的影响，本书引进了企业网络能力，并对其在企业关系资本对知识转移意愿的影响中的作用进行了理论推导和分析。最终构建了本书的理论模型框架和研究假设。

（4）第 4 章是研究设计。本章主要根据现有研究分析各研究变量的维度，参考成熟量表和结合自身研究情况设计问卷，针对企业关系资本维度测量的研究现状，设计了适合中国情景的高新技术企业的企业关系资本测量题项。在本章中，阐明了问卷设计、样本选择和数据调查的过程。然后详细介绍了各个测量变量的来源，如自变量、因变量、中介变量、调节变量和控制变量，并通过探索性因子分析和验证性因子分析对每一个变量进行了测量和验证。

（5）第 5 章是对企业关系资本对知识转移效果影响的理论模型的实证分析。在理论推导和数据统计分析的基础上，采用结构方程建模方法验证了第 3

章提出的理论模型假设，运用回归方程分析和结构方程分析验证了本书的所有研究假设。

（6）第 6 章是对研究结果进行讨论，提出本书的不足与展望。本书研究结构如图 1.3 所示。

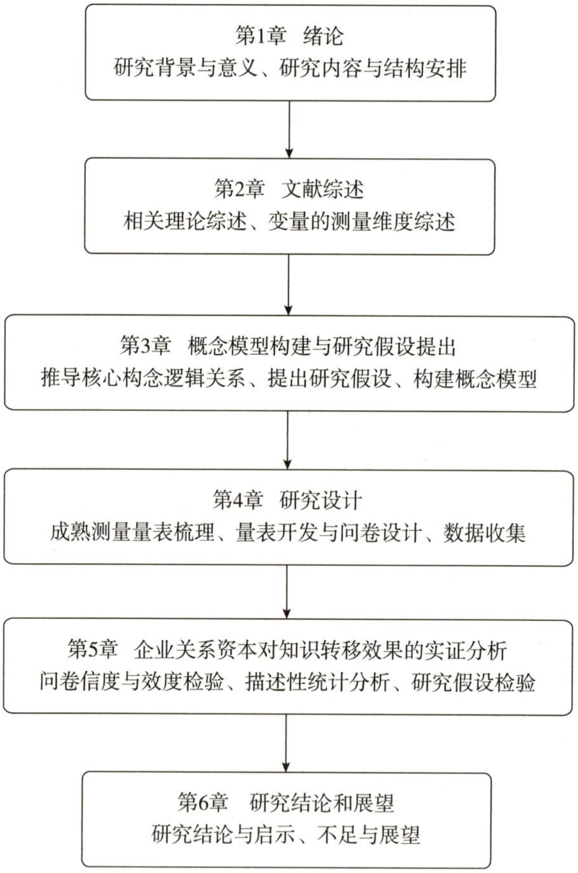

图 1.3 本书研究结构

1.5 主要创新点

本书创新之处有三个方面：

（1）开发并验证了中国高新企业关系资本的测量量表。学者对企业关系资本的研究经过了从单纯的理论探索到数据及合理性分析，但至今对于企业关系资本的计量方式尚未形成统一的认识。本书根据学者对企业关系资本的维度划分，认为它主要包含两方面的内容：一是情感因素，有信任和承诺；二是行为因素，有专用性投资、冲突管理、有效沟通和共同行动，共6个维度。本书利用现有的各维度成熟量表设计问卷，对收集的样本数据开展探索性因子分析和验证性因子分析，并对相关题项进行了删改。最终形成了适合中国情景的高新技术企业关系资本测量题项，为中国企业关系资本变量的测量研究提供了理论和实证研究支持。

（2）建立并验证了企业关系资本对知识转移影响过程的理论模型。本书在总结前人关于企业关系资本、企业网络能力和知识转移意愿和效果的研究成果的基础上，构建了由这四个变量构成的整体理论模型框架，提出了企业关系资本各个维度与知识转移意愿、知识转移效果之间的相互作用关系及假设。根据企业网络能力的调节作用，提出了企业网络能力对企业关系资本各个维度进行调节的假设。设计科学的研究方法，检验了本书理论模型中的企业关系资本对知识转移效果影响路径上的知识转移意愿发挥的中介作用，也检验了企业网络能力调节企业关系资本和知识转移意愿的相互作用，这些研究打开了企业关系资本对知识转移效果影响的黑箱。对企业跨组织知识转移研究有一定的作用。

（3）揭示企业网络能力在企业关系资本影响知识转移路径中的调节作用。与以往单从技术突破和知识转移过程本身对企业知识转移进行研究不同，本书认为，企业关系资本的价值离不开企业所处的社交网络环境。因此，本书试图从企业群体网络环境的角度揭示企业网络能力在企业关系资本对知识转移的影响中发挥调节的作用。企业网络能力的相关研究认为，企业关系资本对知识转移意愿的促进与企业网络能力中的审视网络规划、优化关系网络、创建网络关系和占据中心位置能力有关。因此，本书提出，企业网络能力在企业关系资本与知识转移意愿的关系中发挥积极正向的调节作用。

2 文献综述

本章是对本书的研究变量进行文献综述，主要梳理了企业关系资本、企业网络能力和知识转移的内涵定义、维度划分及三者之间的影响关系的前人文献，阐明与本书相关的研究情况以及对开展本书研究的相关启发。

2.1 企业关系资本

2.1.1 企业关系资本定义

随着时间的推移，企业关系资本经历了从概念定义到数理验证的发展历程，但截至目前，学者们对企业关系资本的定义未能达成一致。对于前人的研究成果，总结如下：Bontis（1998）等认为，企业关系资本是原子企业与其所处的网络环境中的其他组织的一种关系网络，它是一种隐性的关系资源。Lynn（1999）认为，企业关系资源的原子企业利用其与其他组织、个人的关系以获取企业利用的一种工具。Mohan（2001）也认为，企业关系资本是一种资源，这种资源广泛存在于企业的接触对象中，如顾客、竞争对手或者伙伴，也包含政府机构和科研机构等。Lin（1999）认为，企业关系资本是企业作为一个整体的企业人格魅力，它是一种吸引力，能够为企业创造绩效。同样，

John H. Dunning（2003）也将企业关系资本视为企业能力或魅力，研究企业组织群体在知识经济背景下的合作行为。原子企业通过这种能力，可以控制或使用关联的合作组织的资产。这种“利用关系”形成了合作群体组织之间资源共享和互惠的效果。

与前面分析的观点不一样的有，Kale 等（2000）开始根据企业拟人化的情感特征来定义关系资本。他们把企业与其他组织的交流看成是人与人之间的交往，因此企业关系资本应是由情感因素的信任和承诺等构成。De Clercq 和 Sapienza（2006）则对关系资本的程度进行了度量，定义了企业群体间一定程度的关系资本交换，涉及信任、社会互动、拥有相似的企业目标等因素的度量。Wu 和 Cavusgil（2006）认为，企业关系资本是一种基于相互信任和相互关心的潜在的一种情感联系，它对企业本身来说是一种特殊的资源。Inkpen Andrew 等（2011）在前人观点的基础上总结和发展了企业关系资本的概念，把企业关系资本的内涵扩大为包含信任等情感因素，也包括不可复制的相对于其他组织的独特的关系资源。

中国学者对企业关系资本的定义也进行了一些探究，并且获得了一些成果。例如，部分学者从资源观的角度去定义企业关系资本。例如，彭行健和龙武（2004）认为，企业关系资本是原子企业利用职员或者企业的形象对其他组织对象讲关系，并以此作为资源，获得组织回报的一种资源。包公民和余洪建（2005）也认为，企业关系资本广泛存在于企业联盟群体组织网络中，是一种独特的、具备个人特性的、无法被模仿的关系能力，这种能力能在无形中给原子企业带来关系租金。本书收集、汇总和总结了近年来关于企业关系资本定义的主要研究成果，统计结果见表 2.1。

表 2.1　企业关系资本的概念界定

研究学者	主要观点
Bontis（1996，1998）	企业与特定网络中的其他组织具有某种关系，并因此带来关系利益的一种情感类资源
Edvinsson（1998）	企业与客户、上下游厂商及相关机构或个人间的外部关系的综合

续表

研究学者	主要观点
Nahapiet 和 Ghoshal（1998）	企业与其网络组织的情感关系如信任、承诺、关心、拥护、爱戴和鼓励等
Johnson（1999）	包括的对象有企业的客户、竞争对象、合作伙伴和政府、科研机构等交互的联系
Inkpen Andrew 等（2011）	个人层面与企业层面的情感关系如信任、承诺、关心、爱护、拥戴等独特的关系资源
常荔和李顺才（2002）	基于个人关系的企业层面的信任、承诺、关系、拥护、从属等企业的独特资源
万君康（2006）	企业与客户、经销商、合作伙伴的利益相关者的可以获得回报的有利关系

资料来源：根据相关文献归纳整理。

综上所述，不同的学者从不同的背景和理论视角进行了对企业关系资本的内涵定义，但是他们均认为企业关系资本是一种可以为企业带来持续竞争优势，并反映企业与其他组织间资源共享水平的一种情感类独特的资源，这种资源能够给企业带来一定的竞争优势，且这种资源越是丰富和高质量就越能够为企业带来利益。

2.1.2 企业关系资本的维度划分

综合学者们对关系资本维度的研究，他们主要将其分为两个层次进行考量：一是从建立关系资本的个人层面来考量，关系资本被视为企业代理人在与其他关联组织在合作中建立的信任、承诺、拥护、跟从、爱戴等情感因素，而这种情感因素作用巨大，它可以令个人与企业组织之间的合作关系更加稳固，而一旦缺乏这种关系，则会被认为建立的联盟是稳固的，合作关系随时可能破灭。而 Kale 等（2000）、Paul Cousins 等（2006）和 Ruth Blatt（2009）认为，除了信任和承诺之外，企业关系资本还包含其他行为方面的因素，如冲突管理、相互的专项投资等。Sambasivan 等（2011）则认为，除了信任和承诺之外，企业关系资本还应包含有效的沟通，有效的沟通反过来能够促进企业间的相互信任、互惠承诺。众多的学者逐渐从情感因素和行为因素来开发企业关系资本的维度。除了前面提到的信任维度、承诺维度，Paul Cousins 等（2006）为企业关系资本开发了友谊维度，Kale 等（2000）、陈飞琼（2003）、Inkpen Andrew 等（2011）开发了相互义务维度，Ruth Blatt（2009）、M. Sambasivan（2011）开发了专项投资维度，Wu 和 Cavusgil（2006）开发了共同行动维度。

二是从企业层面讨论关系资本的构成。持这种观点的学者认为，企业关系资本的主要对象包括与企业的利益相关者（包括企业客户、员工、供应商、股东和政府等）之间的互动关系，发展这些关系会对企业隐性竞争力的提升有重要的帮助（边燕杰和邱海雄，2000）。他们在开展研究时将企业关系资本也分为内部和外部层面。内部层面主要包括企业与其内部组成部门之间的关系，他们对企业的外部关系划分主要参考物流链的划分办法，即对处于企业产品上下游的个人或组织称为纵向关系，包括与企业的生产材料供应商、材料加工商、分销商、顾客等利益相关者的关系资源；对和企业处于平级的，竞争对手、政府、科研单位等划分为横向关系。无论是纵向还是横向的关系，均是企业的利益关系。

2.1.3 企业关系资本对知识转移效果的影响

从资源观看，企业是各种不同禀赋的知识的集合，因此企业的灵魂是知识创新（Spender，1996）。在全球化经济背景下，世界市场变化快速，只有那些能够快速适应市场变化，进行不间断的企业知识创新和技术创新的企业才能保证其优势企业竞争力，知识和技术的创新需要不同禀赋的知识进行碰撞而产生灵感进而形成创新产品，企业本身的知识并不能支持不间断的持续知识创新，这就需要企业从外部组织中吸收和转移有用于自身的知识和技术（DeBoer et al.，1999）。但是从其他组织进行知识和技术的转移并不是特别容易的事，会受到较多的因素影响，如转移回报和双边关系因素（Singh，

2005）。因此，通过加强企业自身的关系资本，以便能够与更多个其他组织建立知识转移关系则显得尤为重要。

在关联企业群体网络向原子企业进行知识转移的过程中，从最初的目标确定和双边转移关系确立到对转移知识的应用效果，每个阶段的完成不仅取决于原子企业的独立实力，还取决于原子企业在发现自己的知识缺口之后，如何迅速地在企业群体网络中查找到目标企业，并与之建立知识转移关系，这就需要有优秀的企业网络能力，使之能够精准定位到适配组织。在目标组织匹配阶段，企业需要与知识出让方实现供需协调。因此，如果知识转移双方之间的关系薄弱，相互之间关系度低，将严重影响知识的转移，这就需要提升企业关系资本优化关系的能力，提升企业与知识出让方的情感关系，使知识出让方愿意倾囊相授。在知识转移实施阶段，知识转移的效果将取决于接收方可以接收和整合多少知识，即接收者知识转移的有效性取决于接收者对知识的吸收和内化。如果双方关系的强度不高，缺乏沟通和理解，知识出让方会不愿意或者不真心地传授知识，也不对接收方进行有意义的理解和引导。

通过上述分析可知，企业关系资本可以减少组织间知识转移过程中存在着的各种困难和挑战。部分学者的研究认为，企业关系资本是企业的一种关系型资源，它使企业能够通过其他组织的帮助而获得企业利益（蔡双利、孙芳，2013）。其对组织间知识转移的影响首先是在知识目标获得阶段，原子企业在明确自身的缺失知识类型和知识内容后，需要查找能够提供目标知识的其他组织，如果盲目地查找必然会耗费较多的时间和成本，但是如果利用企业关系资本，基于对这些围绕在原子企业周边的其他组织的了解及与它们特有的关系，原子企业可以快速找到拥有目标知识的目标企业，并与之建立知识转移关系。其次，企业关系资本包含的信任、承诺等情感要素会对双边的知识转移关系起到巩固作用，企业间的合作一般是以互利共赢为最佳的结果。企业关系资本的情感因素则会帮助企业互惠共利，加深双边关系，促进知识相互转移行为的发生。最后，如果知识转移双方沟通默契，那么知识转移的效果取决于知识接受方接受、理解、应用知识的能力。在知识转移过程中，基于双方美好的愿景、心灵的相通，如果增加知识出让方的引导意愿并使其帮助接受方消化吸收新知识，会使得数据和信息等显性知识更容易转移，特别是如果双方配合默契且相互理解，会使得隐性知识的转移更为顺畅和有效。

可以看出，企业关系资本对促进原子企业的知识有效转移发挥了积极的作用。从资源观的角度来看，企业关系资本对组织间知识转移的过程及效果产生持续的动态影响，而企业本身的关系资本实力强弱是影响原子企业在企业群体网络中进行高效知识和转移的关键。

2.2 知识转移

2.2.1 知识转移概念

知识转移的概念最初是由 Teece（1977）提出的。他在对跨国公司的技术和知识转移的研究中提出，知识是可以在组织间进行转移的，而跨国公司的技术和知识从总公司转移到他国的分公司时能够节约子公司的知识创新和绩效创新的成本。之后，Szulanski（1996）在对日本企业的研究中提出，知识的转移需要知识的发送方和知识的接收方，而这种知识的发送和接收，可以发生在企业的内部部门中，也可以发生在企业与外部的组织中。随着知识转移概念的发展，不同的学者从不同的研究背景提出了不同的见解。这些观点可以分为两种类型：第一，从知识转移意愿的角度出发。知识转移的发生关键是知识转移的意愿，它贯穿于知识转移的整个过程。Davenport 和 Prusak（1997）将知识转移分为知识转移过程和从转移过程中吸收新知识这两个方面。他们认为，知识的转移并不是以是否转移作为衡量知识转移成功与否的标准，而是以接收方对新知识的应用效果作为知识转移成功与否的标准。Argote 和 Ingram（2000）则从组织间知识转移的角度，定义了通过组织沟通渠道在多个组织间共享知识的过程，以组织间愿意共享知识达到互惠互利来提高知识转移的动因。在中国学者的研究成果中，谭仁鹏和霍国庆（2005）认为，知识转移是指目标知识从知识发送方传送至知识接收方的整个流程。马庆国（2006）进一步发展了知识转移的内涵，他认为知识转移不仅仅是指将可见的知识原封不动地转移至接收方，还应包括知识接收方对知识转化的效果以及发送方愿意对接收方就所发送的知识进行指导和帮助接收方理解知识的行为。

第二，从转移知识的使用效果出发。从这方面考虑的研究者认为，知识转移是知识接收者对获得的知识进行吸收和内化形成属于自己的知识（Zander，1991）。Kogut（1993）认为，知识转移成功的标准是知识接收方能够准确消化和吸收新知识并在日常生活生产中使用它。Darr 和 Kurtzberg（2000）也认为，只有当知识的接收者将传递过来的知识正确或有效地加以使用时，才能认为知识转移已经发生。Dong-Gil（2005）通过研究企业中具体执行知识转移的人力资源的活动，从知识转移产生的技术问题，以及接收人员是否能够对转移的知识进行应用方面来定义知识转移过程。Argote 和 Ingram（2000）是从组织层面来考虑知识转移的，称这类知识转移会受到知识出让方知识转移经验的影响。这是许多研究知识转移的学者广泛采用的定义。在中国学者的研究成果中，董小英（2004）通过实践证明，知识转移是将知识应用到新的情景下并发挥出知识的作用，这是从扩大知识应用效果的角度来定义知识转移的。

当然，还有些学者是从其他角度定义知识转移的。Hendriks（1999）和 Holtham（2001）从知识的有意义建构角度考虑知识转移，认为在进行知识转移时，必须考虑知识接收者如何将新知识与脑海中已有的知识进行重新建构和整合。中国学者左美云（2006）从知识动态流动转移角度考虑，认为知识持有实体所拥有的“知识水位”是不同的，“高水位的知识”在流向上具有流向“低水位知识”主体的趋势。这个过程则包含了知识转移的约定和知识流动的调节约束。

从以上对知识转移的研究中可以看出，企业间的知识转移包含两个基本要素：一是从主观出发，考虑转移的意愿，没有意愿则不能形成知识转移；二是考虑知识转移的效果，以转移效果的好坏来衡量知识转移的成功与否。

2.2.2 知识转移的测量

学者对知识转移的测量主要是围绕知识转移的内涵来开展的，由上述的分析我们注意到知识转移的关注点主要有两个：一是进行知识转移双方的意愿；二是进行知识转移的接收方的使用效果。

转移知识的意愿是指知识所有者愿意与他人或其他组织分享个人或集体拥有的特定知识的程度，以及知识的接收者是否愿意从其发送者那里吸收知识和经验。根据 Lane 和 Lubatkin（1998）、Dixon（2000）、Cummings 和 Teng（2003）等的研究，本书主要用“我们告诉我们自己的工作经验和对附属公司的隐性知识”“我们相信有更多关联公司使用我们的知识对我们越有利”“我们愿意接收附属公司传递的知识和经验”等题项来衡量企业之间转移知识的意愿。

Smith（2001）则根据知识转移的主体，即进行转移的知识本身的属性来考查知识转移的效果，因为知识根据其本身的属性可以分为显性知识和隐性知识，由于它们本身特征不同，对其转移效果的考查也应该区别对待。在他的研究中，认为显性知识具有可观察、易识别的特点，显而易见，它能被直接学习和传递，显性知识的转移结果可以通过直接观察其被转移后接收者学习到的“量”来得到；而隐性知识转移经常会产生不可被直接观察到的影响。因此，隐性知识转移的结果可以通过测量接收者改变的“质”来衡量。

Curmnings 和 Teng（2003）认为，知识从发送者到接收者的成功转移才被认为是成功的知识转移。在实证研究中，他们设计了 5 个知识项目进行转移，主要从 5 个方面考量这些知识项目转移的效果；：一是知识转移是否能够在建立转移关系后迅速发生；二是知识项目的转移是否根据接收方的需求按需发生；三是知识项目的转移是否超出财务的预算；四是知识接收者是否能够改变其自身的知识结构并对自身的知识结构进行优化；五是知识接收者是否满意此次的知识项目转移。

通过对上述相关文献的归纳分析，我们可以看出，对知识转移的测量更多地来自对知识转移效果的测量，并且还从转移意愿和转移效果的视角进行了研究。这些研究有一个共同点，那就是都认为衡量知识转移效果最基本的要素是知识接收者对转移知识的消化、吸收和利用。

2.2.3 知识转移效果的影响因素综述

知识转移效果的影响因素比较复杂，目前的研究主要是从三个方面进行探讨的：一是所传递知识的特征属性，应根据其特征属性的不同采用不同的转移方法，有些显性知识的传递比较容易，但隐性知识的转移则比较复杂；二是建立双边知识转移的对象，无论是知识传授方还是知识接收方，其自身的传授经验及接收知识的经验都会影响知识转移的效果；三是知识转移发生时的情景，知识转移时会受到周遭环境的影响，因此营造适合的情景氛围也能影响到知识转移的效果。

第一，知识转移受知识本身特征的影响。Raymond（2008）发现，知识显性、隐性的区分主要是依据知识本身的模糊性或者可表达性来衡量的，所传递知识的模糊性对知识转移效果起到中介作用。知识的模糊性有其优缺点：一方面，知识模糊性可提升企业对核心知识的保护，使其他组织或人员不易模仿或学习；另一方面，当这些模糊性强的知识需要进行转移时，则会变成阻碍其转移的因素。大量实证研究发现，所传递知识的模糊性程度与知识转移的效果呈负相关。Zander（1991）和 Leonard（2005）认为，显性知识更容易在组织间进行转移，而隐性知识的转移则相对比较困难。

第二，知识转移受知识转移对象组织特征的影响。比如，企业的规模、所有权的性质、建立的年龄以及吸收知识的能力。部分学者认为，企业的规模大小与知识转移效果正相关，公司规模大则其本身拥有自己核心的知识资源和大量的知识资源存量，外部的知识进来对其冲击会比较小；而如果公司建立的年龄比较小则会因为其还没有形成固定的企业文化底蕴，更容易接受来自外部的知识和技术转移。Kelley（1973）对知识转移涉及的对象主体的特征进行了研究，发现这些特征会对知识转移的效果产生显著影响。刘红（2005）通过模拟实验，认识到涉及知识转移的对象起着重要作用。特别是知识发送者与知识接收者之间的信任度会对知识转移效果产生深远的影响。孙婷和胡元华（2010）发现，接收方对知识发送方的信任程度越高，知识传达会被知识接收者吸收得越充分，转移效果更好。舒立平（2009）也通过研究发现，知识发送者对知识转移关系的认可及意愿越高，则转移效果越明显。张怀时（2010）认为，在知识转移过程中，知识发送方的传授经验越丰富，对转移知识项目保护的意识越弱，则转移效果越好。

第三，知识转移会受到企业关系资本的影响。根据 Nahapiet 和 Ghoshal（1997，1998），企业关系资本反映了合作企业之间的信任程度和关系强度。基于企业关系资本的信任和承诺等情感因素，进行知识转移的双方会更加不遗余力地做好知识转移的每个过程，从而从主观上增加知识转移的成功率。企业关系资本的聚类性则反映了关联企业群体对彼此文化的认同程度以及他们的企业价值观或愿景之间的耦合程度。如果合作伙伴之间具有相似或者共同的愿景目标就会形成志同道合的情况，他们之间的关系则会更加稳固，会更倾向于建立合作创新机制，增加知识转移的项目，促进知识转移的质和量。

2.3 企业网络能力

2.3.1 企业网络能力理论

企业群体网络主要是指原子企业与其利益相关者组成的以组织为单位的群体网络。此网络包含不同的企业网络关系。从资源流动的角度来看，Lee（2001）依据利益相关的类型将企业群体网络划分为竞合类型和援助类型。竞合类型的网络主要是由与原子企业相关的竞争者和合作者构成，具体包含其他企业、供应商、客户和研究机构；援助网络主要包含政府机构和金融机构等。不同类型的网络关系具有不同类型的资源，它们对企业的价值贡献也不相同。而这些网络是动态变化的，主要涉及企业的外在组织变化（消亡或新生）及企业内部人员的流动（Madhavan，1998）。因此，企业成功开发和管理、调整与其他组织的各种网络关系的能力被认为是一种企业核心能力，称为企业网络能力。

企业网络能力最初由 Hakansson（1987）提出，Hakansson 将企业对自身所处网络的协同掌控能力视为企业网络能力。随后，Gulati（1999）认为，企业所处的各种网络环境是动态变化的，这包括企业外部环境的变化和企业内部组织的人员变化。因此，对企业网络关系的调节主要包括对企业与外部组织的关系进行调节和对企业内部的组织人员进行调节，这些调节内容受到了部分学者的关注，依据调节的内容不同，不同的学者对企业网络能力给出了不同的解释。例如，Johanson 和 Matsson（1988）认为，网络能力是一种企业通过群体网络寻求和使用相关网络成员资源并以此获得竞争优势的能力。Ritter（1999）、Ritter 和 Gemunden（2003）认为，企业网络能力是企业对其与网络中其他组织成员关系的调节能力。例如，Dyer 和 Singh（1998）认为，企业网络能力是企业对其与网络中其他成员的关系进行调节并与其他成员建立某种关联，并支配这种关联以获取资源的能力。Phan、Chris Styles 和 Paul Patterson（2000）也表达了处理网络关系的能力，即企业促进其与其他组织互惠互利关系发展的能力。一些学者基于管理的含义来定义企业网络能力。例如，Halinen（1999）从三个层面提出了企业网络管理能力的概念框架，即工业层面、企业层面和组织层面，并将其划分成几种功能：一是审视网络情况的功能；二是建立关联的功能；三是投资管理的能力；四是优化关系的能力。部分学者从企业展开合作的角度来定义，如 Sivadas 和 Dwyer（2000）认为，企业网络能力就是与对方组织开展合作的能力。Kale、Dyer 和 Singh（2002）认为，网络能力就是企业联盟的联盟能力的一种，企业通过这种能力从联盟群体中获得各种资源。Heimerik（2004）则认为，联盟能力包含网络能力，使其能够在企业联盟网络中寻找、发现联盟中的显性、隐性资源并转移至己方。还有一些学者从战略角度将网络能力解释为战略网络能力，如 Hagedoom、Roijkkers 和 Van Kranenburg（2006）将网络能力定义为在企业群体网络中寻找合适自己的伙伴并建立新的网络关系的能力。

中国的学者更倾向于采用企业网络能力的概念。徐金发、徐强、王勇（2001）将其解释为企业创建、管理其他网络组织成员的能力。这种能力可以帮助原子企业搜索、转移和使用其网络成员提供的资源以赢得企业竞争优势。穆继峰、冯宗贤、陈方利（2001）认为，企业网络能力是企业培养、发展和管理与组织网络中各相关组织的关系所必需的能力，以促进企业在组织网络的成长。王夏阳、陈洪辉（2002）将企业与竞争对手、供应商、客户、经销商和政府之间的关系视为网络能力。刑小强和仝允桓（2006）认为，企业网络能力就是企业在网络中寻找到合适目标并建立新的关系，创造有利于自身的网络形式的能力。通过运用这种能力，企业可以利用其所处的各级网络关系中的稀缺资源，甚至引领整个网络进行正确的变革。

2.3.2 企业网络能力维度

学者对企业网络能力的维度进行划分有三种角度：一是按照网络的动态变化，将企业网络能力划分为动态调节能力和静态调节能力。Ritter（1999）构建了一个网络能力二分法模型，动态的调节能力主要是应对网络的动态变化时采用的，具体是当网络出现新的关系时，使用动态能力调节；静态调节能力则是针对静态网络的情况，主要是对保持一定状态的网络进行日常的关系管理和维护。中国学者邢小强和权云伟（2006）认为，网络能力是企业能够识别网络中组织成员的强弱点，寻找可发展和合作的目标组织，管理和经营有利关系，去除有害关系，使得企业能够充分利用网络共享资源发展自身形成企业竞争力。任胜刚（2010）也认同了这一观点。二是从企业战略管理角度出发。Hagedoom 等（2006）认为，企业可以从整个网络的高度出发，识别整个网络的发展趋势，并有趋吉避祸的能力。Moller Halinen（1999）从运营层面分析了网络管理能力。中国学者方刚（2008）则认为，网络能力包括战略能力和网络运营的能力，战略能力使得企业可以精准识别网络中对己有利的组织成员，运营能力则能够帮助企业提升自身与有利企业的关系。三是按照网络关系来划分。Sivadas 和 Dwyer（2000），Hua、Chris Styles 和 Paul Patterson（2000）以及 Heimerik（2004）认为，企业处理与其他的组织成员的关系是网络关系管理能力，如和联盟企业开展合作。具体而言，可以将其划分为网络识别、建立关系、转移资源。Walter、Auer 和 Ritter（2006）将企业内部组织环境也纳入企业网络能力中，主要包括处理企业内各部门、员工等之间关系的能力。综上所述，由于学者们对于如何划分企业网络调节功能尚未达成共识，在实证研究中，不同学者根据上述不同的观点分别给出了不同的企业网络能力的维度，本书将根据上述观点，结合自身研究情况对企业网络调节能力的维度进行功能性划分。

2.3.3 企业网络能力与知识转移综述

当企业拥有高质量的关系资本时，如何有效地利用它使其利益得到最大化，企业网络能力对置入其中的网络组织进行审视，识别拥有相应知识的目标组织，建立联系，有望通过网络群体之间的资源传输，获得有利于自身发展的稀缺资源。知识转移某种意义上就是资源的合理传输，企业的网络能力包含四个功能：一是网络环境审视功能；二是网络关系创建功能；三是网络关系优化功能；四是占据网络中心位置功能（Moller and Halinen，1999；Hagedoom，2006）。这些能力使企业拥有更多的机会和更丰富的网络来源接入外部资源。从知识资源管理的角度看，企业与外部企业（或者组织）建立了良好的关系，具有丰富的网络关系资本的企业可以将有价值的知识资源转移到自己的企业,而获得知识资源的效用大小取决于知识转移效果。可以说，企业的知识转移成功与否，还在于对知识资源是否进行更新和整合，这就需要企业进行有效的知识转移，有效的知识转移取决于企业关系资本的优质程度，而企业关系资本优质程度与企业调节能力息息相关。

2.4 文献述评小结

企业关系资本对知识转移效果影响的研究并不少，但探究企业关系资本的各个维度对知识转移效果影响的研究相对较少，特别是关于企业关系资本对知识转移效果影响机制上是否受到如网络能力的调节，其研究结果仍然较少。由于中国是比较重视“讲关系”的国家，本书将研究视线转移到中国情景之下，研究中国企业关系资本对企业知识转移效果的影响会具有一定的研究意义。笔者对中国知网、万方数据和维普信息数据库进行了此类研究的关键词搜索，重点关注管理学、经济学和社会学的核心期刊。研究发现，目前关于企业关系资本对知识转移影响的研究成果主要集中在知识吸收、资源转化和组织间沟通以及影响力发挥的过程机制和知识产权保护意识方面，而企业关系资本各个维度对知识转移效果的影响是目前研究的空白。在此基础上，本书试图发展现有的理论框架，构建中国企业关系资本对知识转移效果的影响框架，探讨企业网络能力对企业关系资本和知识转移效果的影响。

3 概念模型构建与研究假设提出

本章主要是在文献分析的基础上，对本书的理论模型框架进行推导，找出研究变量间的逻辑关系，提出本书的研究变量间的假设关系。

3.1 企业关系资本、网络能力对知识转移影响的概念模型

从知识资源的角度看待企业，其就是知识资源的集合，因此知识创新，特别是高新技术企业对企业的发展来说非常重要，由于市场变化迅速，企业仅靠自身的知识资源，并不一定能满足企业持续的创新活动需要。此时，组织之间充分的知识资源交换协同创新行为，可以为企业获取持续创新所需的知识资源提供一条重要路径（刘恒、李恒，2010）。

企业关系资本强调合作企业通过增强互信、增加彼此的情谊来构建企业关系（蔡双利、孙芳，2013）。企业技术创新需要企业能够有效识别市场需求，组织和调动所有可用资源和生产能力，以加强产品或服务开发，最终赢得企业竞争优势。如何吸收企业网络群体的共享知识是个值得研究的问题，共享知识也是原子企业开展创新活动和获得竞争优势的关键资源。刘衡和李恒（2010）提出了利用资源发展至行动绩效的范式，如图 3.1 所示，为如何利用

企业关系资本资源来实现企业绩效指明了道路。同时，这些外部的知识资源能否提高原子企业知识创新绩效则取决于原子企业能否通过组织之间的沟通渠道采取积极适当的战略行动，以此来充分整合和利用这些知识资源，进而达到提升原子企业知识转移绩效的目的。

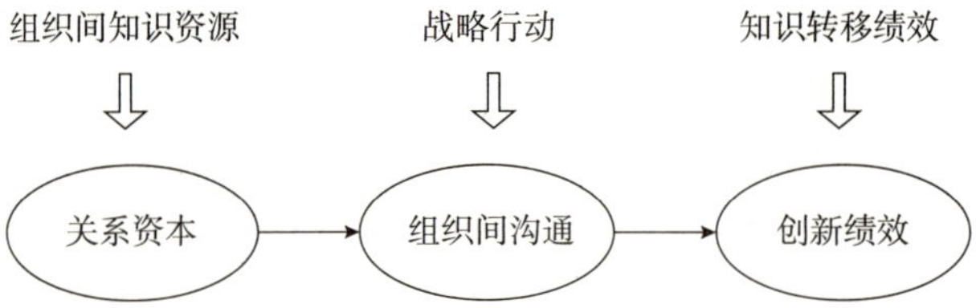

图 3.1 “资源至绩效”的路径

资料来源：参考刘衡、李恒（2010）。

本章主要参考李恒（2013）构建的“资源—行动—绩效”逻辑范式。在本节中，主要分析企业关系资本作为企业资源，与知识转移意图（沟通）及知识转移效果（绩效）三者之间的逻辑关系。首先，企业关系资本是进行跨组织知识转移的基础，可促进知识的有效转移。跨组织之间有效的知识转移正是合理利用企业关系资本来实现原子企业将关系资本作为资源来获取企业竞争优势的自然使命。其次，知识转移的意愿是知识转移有效结果的有力保障。以意愿驱动行动，高效的知识转移结果是高效进行跨组织知识转移行动的结果。在企业群体网络环境中，企业关系资本的能力会受到网络调节能力的关系优化功能等影响，原子企业所处的网络群体环境因素也在企业网络能力的作用下通过知识转移路径对企业关系资本产生的价值有着重要影响。

基于以上理解，本章构建了一个包括企业关系资本、网络能力和知识转移意愿，以及知识转移效果这几个变量的基础理论框架。下面将就这几个变量之间的逻辑关系进行理论推导。

3.1.1 企业关系资本影响下的知识转移

3.1.1.1 企业关系资本是企业的核心资源要素之一

与传统企业资源概念所提倡的所有权资源不同，Lavie（2004）提出了要扩展企业资源管理边界，认为企业可以“拥有”或“控制”所有其拥有的资产，并认为其所有权应该遵循“可用边界”，而不是“拥有边界”。他认为，如个人的经济行为和关系不能独立于社会关系而存在于由经济人组成的社会结构中一样，企业的经济行为和关系通过企业关系资本也嵌入企业群体网络中。这也与 Bourdieu（1986）的观点一致，认为企业关系资本是企业所拥有的实际存在但呈隐性的特殊资源，而这种特殊资源是嵌入企业群体网络关系中的资源，能够在企业群体交往中为原子企业获取利益。

学者们普遍认为，企业关系资本对企业来说是一种隐性的关系租金，它能够对企业产生经济利益，促进企业的竞争力发展。Lavie（2004）认为，关系租金是企业网络群体中企业租金的重要组成部分。中国学者方刚（2008）整合了企业在群体网络中所获得的各种租金，如图 3.2 所示。其中溢入的租金来自企业个体合理使用相关合作伙伴的资源；企业个体在与合作伙伴的合作过程中使用了对方享有的资源，造成了对方企业自有租金的损失，这就是溢出资金。

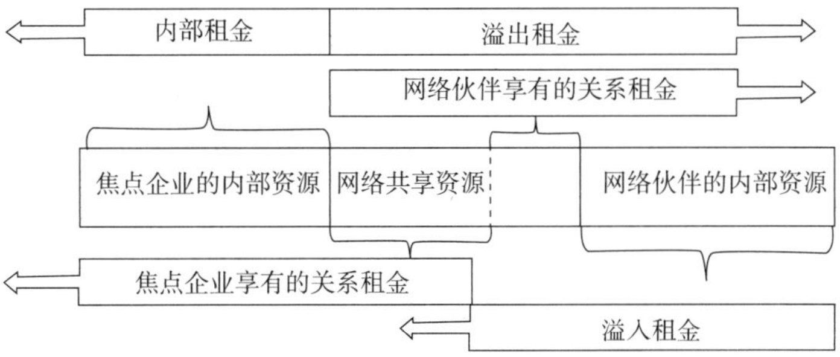

图 3.2 企业网络中企业个体的租金来源与分布

资料来源：参考 Lavie（2004）、方刚（2008）。

企业关系资本对企业群体网络非常重要（蔡双利、孙芳，2013），它可以带来关系租金使企业获得竞争优势。在 Lavie（2004）企业网络中企业个体租金来源分析框架的帮助下，企业关系资本可以帮助企业与网络组织成员共享其知识资源，促进网络组织成员间的知识共享和知识创新，因此，它是盟友之间的独特资源（Changjia et al.，2002）。这是企业长期的基于情感因素的独特的关系资源，其他企业难以复制、难以模仿和难以替换，能为企业带来可持续竞争优势。可以说，具备这种关系资本的企业可以从企业网络群体中获得长期的有关系的经济租金（包公民、于洪建，2005），并且可以在企业群体网络竞争中占据中心地位。因此，企业关系资本是企业资源的核心要素。

3.1.1.2 企业关系网络中的知识转移

运用资源的观点，企业就是各种知识资源的容器（Spender，1996）。如果说创新是企业的灵魂，那么知识就是企业变革的灵魂基石。企业的一切产品生产和技术服务的变革均需要企业运用知识进行革新。不间断的知识创新光靠企业自身的知识容量是不足以支撑的，企业必须从外部组织进行知识转移（DeBoer et al.，1999）。组织间的知识转移不是单纯的知识搬家，特别是涉及隐性知识和技术的转移尤为困难（Singh，2005）。为此，如何改进组织间知识转移的效率和效果成为亟待解决的问题，基于企业关系资本的内容功能，其在知识转移的各个阶段予以帮助也是可行的。

因此，弄清楚企业网络中知识转移的具体路径和过程是利用企业关系资本对知识转移效果进行提升的前提条件。Kwan 和 Cheung（2006）提出了知识转移的过程（见图 3.3）。他认为知识转移经历了：转移动机（动机）、目标匹配、知识转移实施和保持四个流程。其中，动机是指企业为什么要进行知识转移，动机的形成需要企业检查自己的知识需求，以需求驱动；匹配知识目标阶段，主要是在网络组织中寻找合适自己目标知识的组织；转移实施阶段用于具体转移知识的实际接触和具体执行转移方案，这一阶段与知识发送方的知识传授经验有关；保持阶段则侧重使知识接收者能够在发送方的指导下吸收消化知识，具体是知识接收者将把传递的知识与自身知识相结合，尽可能吸收和保存所接收的知识，以便及时有效地重温并保持知识转移效果。

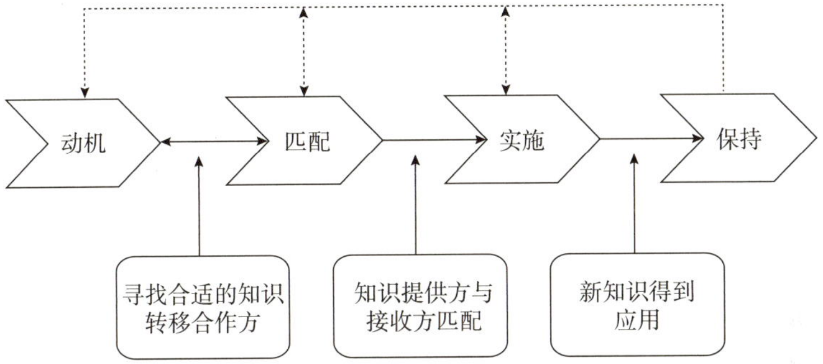

图 3.3　知识转移的过程模型

资料来源：摘自 Kwan 和 Cheung（2006）。

Kwan 和 Cheung 认为，在知识转移的整个过程中，单个企业是无法完成的，而是需要知识转移双方，甚至多方的合作和努力才能顺利完成知识转移。从开始发现自己的知识差距并确定获取的知识目标后，知识需求企业如果没有一定的目标或者导向，而是在茫茫网络群体组织中寻找，就会耗费大量的时间和经济成本，并增加知识转移的难度。但是通过企业关系资本，基于对关联企业的深度了解，需求企业就可以以自己为中心按照关系强度，快速地查找到知识提供方；在知识目标匹配阶段，为实现知识转移双方的供需协调，双方就建立供需关系进行协调，审查知识提供者是否具有可靠性并关注发送方企业是否与己方存在一定的竞争关系（Tsai，2001；Hansen，1999）。如果双方建立的转移关系薄弱，会严重影响知识的转移效果。转移实施阶段的效果主要取决于知识发送者传授知识的经验，以及知识接收方可以将多少转移的知识理解和消化。如果双方之间的关系不深、缺乏默契，将影响知识接收者获得知识的程度。最终知识转移的效果则取决于接收方对转移知识的应用程度和创新程度。

上述分析表明，面对跨组织的知识转移的挑战和难度，应充分认识企业关系资本的作用，它作为一种资源对知识转移起到了一定的促进作用（蔡双利、孙芳，2013）。第一，企业关系资源能够维系网络组织间的人际关系，企业在与其他组织的交往中，或多或少会发现自身的缺陷，得知自身某些方面与其他组织的差距，这就为知识转移奠定了动机基础。第二，企业关系资本包括一些情感的功能如信赖、承诺、互惠、沟通、默契理解和特定投资等。通常两家公司之间的关系不是一场完美的合作，而是一种竞争关系。双方期望通过合作实现双赢，在信任、互惠、承诺等因素的影响下，双方关系往往会显得紧密相连。在此基础上双方可以增加互信,以推进知识转移过程。第三，构建知识转移关系，采取知识转移行动需要双方的良好配合，对于显性知识的转移需要更多的传授和耐心地学习，但隐性知识的转移，如藏于脑海中的知识技能，需要通过实际的共同的接触和身授，这就需要关系资本中的默契程度，默契程度高则能使双方心领神会，快速完成隐性知识的转移。

可以看出，企业关系资本对组织间知识转移发挥了促进作用，使得企业能够获得缺失的知识资源（曾德明、贾曙光、闫贤云，2011），是企业间知识流动和转移的核心要素。

3.1.2 企业网络能力对企业关系资本的调节作用

3.1.2.1 资源与能力的辨析

企业发展需要依靠其所拥有的资源和开发这些资源的能力，两者一起为企业提升竞争力做贡献（Barney，1991）。资源是企业发展的必需品，是基石，是一种能源，是驱使企业这部大车前进的原动力（Amit and Sehoemaker，1991）；能力则是驾驶企业这辆大车前进的司机，两者缺一不可，又相辅相成，以便达到目标一致，资源之间能够协同，使资源转化成企业竞争优势（Russo and Fcmts，1997）。资源是生产的基本要素，其本身就是某种价值的集合，它能对生产起到基石的作用，相对于能力来说，它是一种被支配的状态；而能力则包括对静态资源的使用技巧和采取的行为模式等，其目的是对资源进行生产和加工，使其具备使用价值。反过来，资源能促进能力的发展，对资源的分配、使用，能够进一步发展能力（Grant，1991）。由此我们可以知道，资源和能力之间正如锁和钥匙，如果二者匹配得好，则能够开启企业通往成功的大门。

3.1.2.2　企业关系资本与企业网络能力

之前的分析表明，企业关系资本可以通过关系网络为企业带来一定的经济利益。但是，在企业群体网络中，原子企业使用关系资本是否产生利益依赖于关系的好坏，因此不能明确这个关系租金如何计算，或者是什么决定了原子公司所获得的关系租金比率。资源是企业创新发展的必需品，而能力决定了它们的使用方式和行为方式。也就是说，不是所有的资源都能够直接产生经济利益，还需要与之匹配的能力来促使其进行转变。

企业关系资本对知识转移效果的影响就如同利用资源进行生产一样，企业关系资本可看作特殊的资源，而与之匹配的能力则为企业的网络能力，它的作用不言而喻。方刚（2008）认为，企业网络能力是企业在组织网络中，集成和分配网络共享资源，以及协调网络中关系伙伴的内在资源，争夺网络中心位置和网络关系竞争优势。根据这个定义，可以得出两个含义：一是网络能力能够优化和激发企业关系资本使其朝利益方面转化，形成基于关系产生的企业竞争优势。二是企业网络能力水平能调节企业可以拿来分享的关系租金比例。也就是说，网络关系中企业之间网络调节水平的差异决定了网络关系资本的关系价值的分配权。即企业网络能力的水平决定了企业的关系租金的比例。

3.1.3　概念模型构建

本章引用了李恒（2013）构建的“资源—行动—绩效”逻辑范式。在本节中，分析了企业关系资本作为资源，组织间知识转移作为行动和知识转移效果作为绩效三者之间的关系。第一，企业关系资本作为一种资源，在知识转移过程中参与了新知识的生产，是这一种驱动因素也是动因之一，如果没有企业关系资本的参与，知识转移可能并不会发生，更不会产生知识转移的效果。企业关系资源的合理利用则会促进知识转移的发生，使企业能够在企业关系网络的伙伴中迅速找到知识转移的目标组织。第二，知识转移意愿是开展企业间知识转移行动（包括关系建立、转移实施）的前置条件，知识转移意愿不仅仅是指知识出让方的出让意愿，也包括知识接收方的接收意愿，其对知识转移中双方行动的影响不言而喻，它能提升知识转移双方的主观能动性，进而提升知识转移行动的有效性。同时，原子企业所处的网络环境因素也通过企业的网络能力对企业关系资本的调节作用产生重要影响。在网络环境中，企业应用其关系资本时也受到网络能力的影响，它能优化企业的网络关系，形成良好的企业关系资源，进而影响与企业关系资本相关的企业知识转移效果。基于上述分析，本书各核心研究变量之间的逻辑关系模型如图 3.4 所示。

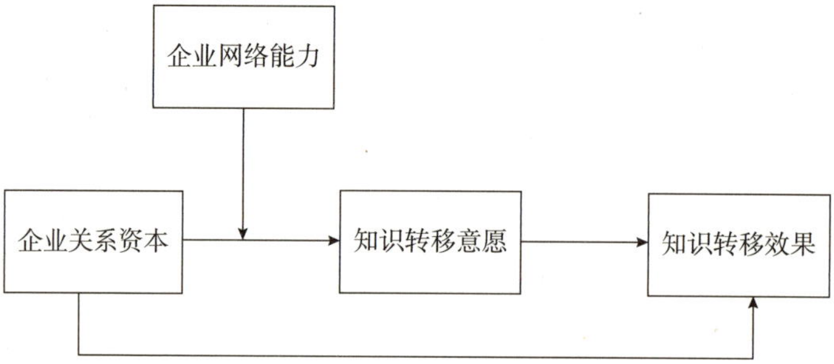

图 3.4　企业关系资本、网络能力对知识转移意愿及效果影响的概念模型

本章通过分析企业关系资本、网络能力和知识转移意愿与知识转移效应之间的关系，有可能清楚地回答企业在群体网络关系中面临的两个问题：一是为什么原子企业利用企业网络群体中其他成员的帮助，可以不断进行知识创新获得竞争优势；二是具备什么条件的原子企业可以获得竞争优势而缺乏什么条件的原子企业无法获得竞争优势。原子企业在企业群体关系网络中，凭借其动员和调节网络资源的能力，激活和使用其与关系伙伴构建的关系情感，再利用这种情感促进企业知识的有效转移。本书的理论框架已构建，接下来将对核心变量之间关系的理解假设进行理论推导。

3.2 企业关系资本与知识转移效果之间的关系及假设

在文献的第二章中，主要从情感和行为方面分析原子企业与企业群体网络中的合作伙伴之间的关系资本，包括情感因素如信任、承诺、有效沟通及行为方面的因素如专用性投资、冲突管理和共同行动。这些维度的划分来源有Culen、Johnson和Sakano（2000）考虑企业与其他组织间的合作感情，主要是信赖并履行自己的承诺。Wu和Cavusgil（2006）则认为，企业关系资本也包含着企业对其他组织的具体行为或者称为习惯，例如增加专项投资和在一起的共同行动等均属于企业关系资本的外化行为。Kale等（2000）则结合了前面两方面的情感和行为的因素考虑。本章在众多学者的研究基础上，深入分析和拓展了关系资本的各个维度，阐述了不同维度对企业知识转移效果的影响。

3.2.1 信任与知识转移效果的关系假设

企业关系资本的信任维度是网络关系主体在交流过程中逐渐生成的一种可靠的情感维系。它被认为是一种充分的信赖，可以减少关系网络中的利益关联者在与合作伙伴合作过程中机会主义行为的实施。早在1998年，Nahapiet和Ghoshal认为，关系资本是企业与其他组织进行合作行为规范时的重要影响因素，其起作用的主要是关系资本中的对对方企业的信任情感因素，它能够防范双方的机会主义，促进双方的坦诚交往行为，使得双边合作中的信息和知识交流能够顺利进行，使双方形成长期合作并使之具有可持续性。

部分学者认为，企业关系资本中的情感因素所带来的信赖是整个企业关系资本的基本维度，它对关系资本的贡献也是最大的，可以作为核心要素（Kale et al.，2000）。基于合作双方的信任，组织在交往中能够无往不利，相比合同约束，信任更是双边进行合作交流的重要因素，因为感情的作用力是远超过物质形态的，基于情谊，双边可以毫无保留地为对方着想，进而不会做出利己的行为，交往也会从主观上确保有效（Inkpen A. and Currall S.，2004）。信任是一种调节剂，可以在社会互动或经济交换过程中调节双方的感情（Powell，2005）。基于信任的双边关系还可减少双方合作阻力，减少知识转移中的沟通时间，增加理解和默契。在开展知识转移时可以让双方放心，创建和谐愉快的知识转移过程。从这些方面看来，企业关系资本的信任维度对知识转移效果起着积极的作用。信任将对知识转移产生积极影响。基于此，本章提出了以下假设：

H1：信任对知识转移效果具有积极正向的影响。

3.2.2 承诺与知识转移效果的关系假设

如个人交往一样，信任和承诺不分家，是相互影响的，信任的程度可以影响承诺的履行；反过来，承诺也可以使彼此间的信任更加深入，当然，一旦承诺不兑现，将会大大影响彼此间的信任，这就需要更多的衡量。因此我们更愿意对方会信守彼此之间的承诺，相互之间采取互利的行动计划以便利于实现承诺（Martin-de Castro et al.，2013）。在企业关系资本中，信任和承诺因素也可以降低原子企业寻找知识转移目标合作伙伴的成本。由于当今社交媒体十分发达，企业群体网络中消息传播得很快，一旦关联公司未能忠实履行承诺，做出违反道德、伤害其他同伴企业的行为，其商誉将大大降低，因此关联公司之间的基础口头或合同承诺大多是可信的。这简化了寻找新的知识转移合作伙伴企业的筛选条件，并减少了为之付出的时间和经济成本。换句话说，关系型企业之间的有效承诺可以推动知识转移行为获得创新所需的技术支持知识（Sinkovics et al.，2010），这有助于原子企业迅速查找到可信任的知识提供同伴，并依据承诺的实践率选择知识提供方，也间接提升了知识转移的成功率。由此，我们得出以下假设：

H2：承诺对知识转移效果具有积极正向的影响。

3.2.3 专用性投资与知识转移效果的关系假设

根据 Williamson 的定义，专用性投资是指在资产的生产价值不受损害的条件下，双边企业进行针对双方特征、有特殊性的物质和生产投资，这种投资具备不可复制性，如果产生投资转移那么将会对双边企业造成严重损失（牛德生，2004）。由于这种专用性投资是针对双边企业的特殊投资，因此它比一般的投资更利于双边利用，但反过来，一旦这种专用性投资破裂，则会使投资方产生严重的损失，甚至所有投资材料均作废（赵庆华，2008）。与其他投资相比，它是异质的、难以模仿、稀缺的，使双方的交易与有形或无形投资具有一定的关系比较优势，可以优于其他合作伙伴，形成坚实的合作同盟。部分研究者认为，专用性投资一旦破裂将会对投资方产生巨大的投资风险（王凤娟，2010）。Ghosh 和 John（1999）也持有这种观点。从深层次的原因来看，专用性投资破裂使投资方产生重大的损失与这项专用性投资的投资时间长短及其专用的程度有关（于茂建、孙元新，2014）。合作方受利润驱动并且为了追求好处，很可能在决策中做出损害投资方的行为，而且这种机会主义的行为会随着专用性投资“专”的程度加深而更容易发生，其损失也会更高（高伟和，2008）。

为了防止企业专用性投资破裂带来的损失，双边合作企业除了加深相互的情感关系外，也更倾向于掌握更多的反制筹码，例如，使对方也对己方增加专用性投资，使相互之间形成专用性投资的“锁定”效应，这样双方均会慎重评估采取机会主义行为对己方的影响，从而降低了机会主义的风险。为了掌握更多的筹码，高密度、高投入、更专注的投资将会在合作双边产生，这就会促进双方企业之间的交流与合作，同时还可以增强双方互信互惠的关系和期望，进一步促进企业间的知识共享和转移。在知识转移与合作与交流的过程中，促进双方知识转移产生好的效果。因此，我们提出以下假设：

H3：专用性投资对知识转移效果具有积极正向的影响。

3.2.4 冲突管理与知识转移效果的关系假设

研究表明，在双边企业的合作过程中，冲突在所难免，冲突会在双方的观点、理念和行为中产生（Jehn，1997）。一旦产生过度的冲突，就会对双边企业产生不良影响，甚至造成合作关系的破裂，也会使双边的交流、情感和信息和知识资源具有偏激性，导致合作效果变差，甚至停止（Deutsch，1997）。合作双边的过度冲突会给管理者带来处理的难度，随着冲突的持续时间延长，合作双方人员会变得非常偏激，进而无法进行沟通，甚至造成行为的冲突，这些都加大了管理者的管理难度（Evan，1965）。持续的冲突还会对整个合作的成果造成严重影响，甚至会使合作关系破裂，造成不可挽回的损失（Jehn，1997）。因此，当冲突发生时应及时得到管理者的有效调解，避免冲突扩大化，但也要使冲突维持在一定的程度范围内，这有利于团队成员之间就知识（工作）产生热烈讨论，有效实现知识转移。有效的冲突管理能力能帮助企业解决其与合作团队中其他组织成员之间的矛盾分歧，增进相互了解和学习，积累知识，提升组织间知识转移效果。因此，我们提出以下假设：

H4：冲突管理对知识转移效果具有积极正向的影响。

3.2.5 有效沟通与知识转移效果的关系假设

为了使原子企业能够基于“讲关系”获得隐性的战略利益，必须采取适当的合作行为。企业间合作人员的沟通交流是企业间合作的重要实施手段（Liu Heng et al.，2010）。通过相关文献的研究，本书认为，沟通是相关企业之间信息传递、数据交换和共享的重要途径，是对相关企业行为和态度的理解。它包含两种含义：第一，合作交流是一种沟通方式，双方在合作的基础上实现战略目标，为相关主题和内容传达“双赢”的解决方案（Tjosvold，2007）。第二，争执沟通是一种基于竞争的沟通方式。双方之间的争执只能实现一方的利益。在采用这种沟通方式时，沟通的双方都会出现偏激的言论，其所表达的观点都是带有利己性的，这不利于事情客观和公正的处理（Chen，Liu and

Tjosvold，2005）。从信息交流的本质来说，凡是沟通就必然会带来双边信息的交流和碰撞，这是双向的（田辉，2012）。双边合作企业的有效沟通是开展信息交流的必备条件，这与双边开展知识转移过程中信息、知识和技术交换行为需要的有效沟通相一致，因此有效沟通可以促进知识转移中的信息、知识和技术的交换效果，使双方都能准确表达相关信息，增加知识转移的效果。为此，我们得到以下假设：

H5：有效沟通对知识转移效果具有积极正向的影响。

3.2.6 共同行动与知识转移效果的关系假设

合作双方企业在进行知识转移时，必须制订转移计划，并付诸行动，且是双边配合的行动（Husain et al.，2013）。知识转移的计划实施会给双边的技术人员提供合作交流的具体平台（Migheli，2013），在合作平台的共同行动中，双方交往密切，朝着共同的目标前进，共同行动中不仅有信息交流，也有具体动作的交流，这有利于双边形成“在做中学”的良好知识转移氛围，这对知识转移，特别是隐性知识的潜移默化有重大的帮助（Lee et al.，2009）。同时，共同行动也可以增进合作双边的情感，有过共同经历的感情将更加稳固。在共同行动中双方可以提出不同的方法共同解决问题，这个过程中也会产生新的火花，产生新的知识、新的想法，促进知识转移的效果。因此，假设如下：

H6：共同行动对知识转移效果具有积极正向的影响。

3.3 知识转移意愿与企业知识转移效果之间的关系及假设

知识提供者是组织之间知识流动和转化的源泉，由于核心知识具有私有性，因此他们转移知识的主观意愿是影响知识转移效果的决定性因素。Szulanski（1996）对日本企业组织间知识转移的过程进行了研究，他通过调查认为，知识转移双边的意愿不足将阻碍组织间知识的流动和转变效果。知识所有者担心，转移知识会使他们失去自己独特的价值，出于人性的自私，他们可能不愿意积极转移或分享知识。Simonin（2005）也认为，知识提供者对知识的保护将使接受者无法清楚地了解其原因和结果，从而加深转移知识的模糊性，从而对知识转移产生负面影响。个人或团体通常具有将知识视为私有财产而不是转移或分享该知识的心态。当知识所有者缺乏激励时，他们可能成为隐性知识的来源，因为他们担心失去知识的所有权、优势和特权，所以不会积极地去分享知识。转移知识的意愿不仅影响知识提供者是否能提供有价值的知识，还影响知识获取者的知识获取和吸收。转移隐性知识的意愿的关键在于知识提供者是否愿意与其他同事分享个人知识并将个人知识传递给企业。知识提供者的转移意图的强度与所转移的隐性知识的数量和质量直接相关。知识提供者转移的意愿越弱，知识转移的量就越少。另外，因为害怕威胁他或她自己的经验、知识或存在的位置，知识的接收者不愿意接受来自外部的知识，并且接受新知识需要花费一定的时间和精力去学习。因此，在使用新知识的过程中，知识接收者可能会故意拖延、被动应对、错误接受、秘密破坏或公然反叛，这将阻碍隐性知识的转移。Szulanski（1996）在对组织间最佳实践知识转移的研究中认为，知识接收者缺乏转移意愿会严重影响组织知识交流，并阻碍组织间实际知识的转移。不同的员工接受新的外部知识的意愿程度不同。特别是一些资历较高的人因自己的竞争地位和声望而不愿意接受外部新知识，这将成为知识转移的障碍，进而影响企业知识转移的效果。因此，知识转移意愿越强烈，对知识转移越有利，企业知识转移效果越好。因此，我们提出如下假设：

H7：知识转移意愿对企业知识转移效果具有积极正向的影响。

3.4 知识转移意愿的中介效应分析及假设

虽然企业关系资本具备一系列维度的资源特征，如信任和承诺，但还需要知识发送方和接收方的主观能动性来驱动实施知识转移行为，这种关系的资源特征的激活往往不能直接产生结果。正如刘恒和李恒等（2010）认为，企业的关系资源并不能直接作用于知识转移效果，还需要通过企业关系资本的“关系深厚”去促使知识转移的双方从内心去告诫自己，这是可信任的伙伴，从主观意志上去提升自身的主观能动性，这有助于双方知识转移关系的确立。具体而言，在提高企业关系资本六个组成部分对知识转移效果发挥积极作用的过程中，组织间知识转移的意愿如何推动知识转移合作行为分析如下：

第一，关系资本中的信赖的情感要素可以促进知识转移的意愿。原因是：首先，信任可以增强合作双方转移知识的意愿。一是增强知识发送方传授知识的意愿，二是增强知识接收方接收和整合新知识的意愿。信任的情感可以让知识转移双方在面对对方时毫无保留，完全信赖对方，相信对方不会将转让的知识出卖，不会做出损害对方的行为，基于完全信赖，双方会更愿意看到合作的顺利开展。Panteli 和 Sockalingam（2005）认为，如果知识转移双方在知识转移的过程中产生了相互不信任的问题，那么信息和知识的共享将受到阻碍，结果是任何一方都难以从中获取有价值的信息。其次，信任可以减少双方组织的知识转移共享成本。在知识共享和学习的过程中，相互信任可以减少计划、权衡和思考是否分享知识。因为即使有合同或者合作文件和其他文件，如果没有信任支持，双方的合作仍然会被破坏和保留，相互之间的筛选和测试成本也会增加。

第二，承诺对知识转移的影响主要有两个方面：首先知识转移双边的信任与承诺相辅相成，能够相互促进对方知识转移的效果（Morgan and Hunt,

1994）。对进行知识转移合作的双方而言，为了避免对方做出不利己的行为损害自身的利益,因此倾向于根据对对方的感性认识向对方作出相互承诺。因此，当双方交换和分享知识和数据时，对方的高层次情感承诺将有助于我们积极分享和吸收知识，提高企业间沟通与合作的频率和顺畅度。其次是理性的承诺度量。为了从关系网络中的伙伴那里获得所需知识资源，原子企业将积极评估和预测他们可以从与有高质量关系的伙伴交往中获得的潜在利益。当预测到能从知识转移中获得较大的利益时，为了维护双方的关系，即保证履行承诺系统。承诺的确立及有效履行能够保障双方将努力促进知识的转移和共享，提升知识转移的效果。

第三，随着专项投资在双边关系中的积极发展，为了掌握更多的筹码，双边的专项投资会越来越多。从某种意义上说，结成一个利益共同体，双方会共同承受受益和失败。因此，为了防止同盟关系破裂，双方将在不断增加的专项投资中更加紧密合作，对某些特殊产品或技术开展深度合作，形成特殊的企业共同资源，这就拓宽了双边企业进行知识转移的不可分割性和意愿性（Anderson and Weitz，1986）。这反映出共同资源已经包含了双方共同了解的知识和技术。因此，双方合作和讨论起来会更加有同根性，比较容易相互理解对方的知识体系，更容易进行专业的知识讨论和新知识的创造，可以提高转移知识的高质量创新。

第四，进行知识转移的双边关系，可能会产生一定的认知上或者行为上的冲突，不良的冲突会降低双方进行知识转移的意愿，甚至导致知识转移中断。通过实证设计，易家斌（2013）证明，有效的冲突管理会使合作双方的认知和行为冲突维持在良好的水平，这有利于合作的顺利开展。Tjosvold、Su Fang 和 Wan Jieping（2002）认为，良好的冲突会导致高质量的问题沟通，这有助于通过冲突警告和解决彼此的相互影响，为双方创造一致的战略目标和共同利益机制。该流程可以增强双方知识转移人员的认知协同。双方开展讨论，表达不同意见，从而形成知识碰撞创新氛围，可促进知识创新和转移。

第五，企业双边的知识转移蕴含着信息、知识和技术等从知识发送方经过知识传输行为发送到知识接收方，而知识传输行为必须满足双边的信息沟通顺畅的条件（邓毅，Shane，2005）。因此，双方信息沟通的有效性是影响企业间知识转移效率的关键因素之一，有效沟通可以使对方都更容易了解所传递的信息的准确含义，更好地判断信息的价值，促进信息流动。部分研究者认为，进行双边信息交流的过程中，在一定的时间内交流信息的总量是衡量双方有效沟通的重要因素之一（Mohr，Fisher and Nevin，1996）。因此，提升单位之间内双边信息交流的量是双方有效沟通的标准之一，反过来，如果双方存在着有效的沟通情况，那也就说明双方在进行知识转移时的信息量是非常大的。同时，有效沟通也是双方解除误解和矛盾的有效途径，双方进行有效的沟通可以获得对方的理解，提升双方进行继续合作的意愿。在关系联盟中，双边的信息有效沟通有助于完成组织间的知识转移，提高知识转移效果。

第六，一旦确立双边的知识转移的合作关系，制订知识转移的行动计划，知识转移的双方必须采取共同行动（Heide and John，1990）。Nonaka（2009）认为，知识转移的双边采取共同行动有利于进行隐性知识的转移。因为复杂性知识和隐性知识具有不可表达性，通常它们不能通过语言、文字或符号明确表达，只能通过实施去领略和意会。在共同制定目标及行动计划或解决问题的过程中，共同行动的成员将不可避免地进行高频率、高密度的相互接触和信息交流。持续的联系和沟通过程将有助于彼此相互理解，培养工作友谊甚至个人友谊，领略对方的人性魅力，或者对方隐藏的知识技能处理方法。共同行动还可以培养双边人员的信赖感情和提升密切配合的程度，使他们在执行组织之间信息和知识的转移时交流更加方便和流利。

从上述分析可以看出，企业关系资本的六个维度可以促进组织间知识转移双方的意愿，知识出让方可以更心甘情愿地全心全意教授转移知识，知识接收方可以积极调动聪明才智吸收新知识，而不怕与自己本身的知识相冲突。转移知识的意愿可以促进知识转移的效果。因此，本书认为企业关系资本可以通过影响知识转移的意愿路径间接影响知识转移的效果，我们提出以下假设：

H8：知识转移意愿中介了企业关系资本和知识转移效果的关系。具体是：

H8a：知识转移意愿在信任与知识转移效果的关系中起中介作用；

H8b：知识转移意愿在承诺与知识转移效果的关系中起中介作用；

H8c：知识转移意愿在专用性投资与知识转移效果的关系中起中介作用；
H8d：知识转移意愿在冲突管理与知识转移效果的关系中起中介作用；
H8e：知识转移意愿在有效沟通与知识转移效果的关系中起中介作用；
H8f：知识转移意愿在共同行动与知识转移效果的关系中起中介作用。

3.5 企业网络能力的调节效应分析及假设

企业关系资本的本质是一种企业的额外应用资源，它本身是不能够直接创造企业效益的，需要其他的触发条件（吴卫平，2004），企业关系资源要想得到成功利用，还要解决一个问题，那就是企业是否拥有充分利用这种资源的能力和方法。在企业群体关系网络中，此功能被解释为企业的网络调节功能。例如，Hakansson（1987）认为，网络能力伴随着企业与其他组织形成企业关系网络而出现，其主要作用于企业所在的网络环境，包括网络的组网能力和改进企业与其他组织之间的网络联系，还有调整自己在所处网络的位置等。学者们的研究表明，企业的网络调节能力与一般的企业关系运营的能力是具有相同性质的（Ritter，1999，Ritter and Gemunden，2003），但差异化的网络能力使得在对企业关系资源的动态利用时其资本识别和集成能力得以不同程度的发挥。同样，企业网络能力能够对企业关系资源进行调节进而影响组织之间转移知识的意愿，继而通过意愿影响组织间知识转移的具体行动，最终影响知识转移的效果。具体而言，企业网络能力对企业关系资本触发知识转移的意愿的调节作用有：

3.5.1 企业网络能力对信任与知识转移意愿的调节

企业网络能力使得企业能够站在企业网络层次的高度审视自身在网络环境中的知识缺口并且从网络中寻求拥有此项缺失资源的外部网络组织（Moller and Halinen，1999）。高质量的网络能力有利于增强企业与网络伙伴之间的信任与合作，有助于企业全面利用网络能力获取外部资源，增强知识转移方和接收方转移知识的意愿。在高积极性的态度下，以及在高质量的信赖沟通和价值共享过程中，企业更容易建立“有关系”的信任，基于对合作双方的信赖，转移双方会更情愿去采取知识转移行动（朱小琴，2011）。

3.5.2 企业网络能力对承诺与知识转移意愿的调节

企业网络调节功能中的网络占位功能可以帮助企业占据所在组织网络中的中心位置，缩短与其他网络组织成员的网络路线（Hansen，2002）。处于企业群体网络的中心位置是非常有利的（Powell et al.，2005）。处于网络中心地带的核心企业往往成为其他网络成员交流的中转站，在整个网络内交换的信息，包括信息流和知识流都将流经核心企业，这有利于中心企业获得这些信息和知识（Bell，2005）。企业网络能力中的网络占位能力有助于提高企业在网络其他组织成员心中的地位，他们愿意相信其做出的承诺，也会促使网络边缘的组织更愿意与之建立网络关系，提高知识转移双方的知识转移意愿。

3.5.3 企业网络能力对专用性投资与知识转移意愿的调节

企业网络能力的审视维度是从战略层面考虑企业网络能力的（张俊丽，2008）。网络审视能力越强，则越能够使得企业从更高的角度看待整个网络组织运行的趋势，明了网络成员的优缺点（Teece，1998），能够对网络中组织成员发布的信息和数据进行有效的辨析和判断（Bonner，2005）。这种能力可以帮助企业检查和深入了解企业自身的战略发展中的资源缺口（Holmen，2003）。资源的缺失有其独特性，企业选择目标资源具有专一性，这种独特性产生供需合作，会使得双方建立“相互锁定”效应，深化合作。这样，就会增加战略专用投资，在“相互锁定”中提高合作组织双方之间转移知识的意愿程度。

3.5.4 企业网络能力对冲突管理与知识转移意愿的调节

企业网络能力能对陷入冲突关系的双边企业进行缓和，除了企业管理者从内部对冲突的有效管理外，还有网络能力在外部对冲突关系的缓解作用（Moller and Halinen，1999）。多层次、复杂的关系网络为原子企业提供了与各种类型的关联组织进行知识转移的网络环境。一般而言，网络能力能够从外部对处于合作中的组织的冲突关系进行缓和（Doving and Gooderham，2008）。当合作组织双方出现合作冲突时，如果企业具有较强的关系优化能力，必然会有助于在解决双边冲突中发挥积极的作用，削弱冲突程度，合理地减少冲突，可以增加针对冲突而产生的沟通，这也能与常规组织沟通一样可以促进组织间沟通过程中知识、信息和其他资源的共享和转移，增强知识转移的意愿。

3.5.5 企业网络调节能力对有效沟通与知识转移意愿的调节

企业网络能力中的优化网络关系的能力也表明，企业更有可能在双边沟通合作关系中获得关系伙伴的理解和信赖，这有利于提高双边关系的亲密度。企业间关系质量的提高在一定程度上表明双方之间的认识差距逐渐缩小，网络关系优化的作用大大提高了原子企业在网络关系中的地位和声誉（Loeser，1999）。优化网络关系的结果无论是形成亲密关系还是专属信任或是信誉优化，都可以润滑双边企业之间的沟通机制和渠道，优化双边沟通的效率，增强知识转移的意愿。

3.5.6 企业网络能力对共同行动与知识转移意愿的调节

应用企业网络能力中的审视能力维度，企业积极建立基于自身资源缺口的合作网络关系，以寻求拥有己方缺口资源的组织，并达成合作目的。而建立高质量企业网络关系的能力有助于积累企业对网络中其他组织成员的了解，使其不必花费更多的成本去广泛搜索目标组织（Larson and Starr，1993）。

在双边组织一起进行知识转移的行动中，双边人员可以“边做边学”（Zahra et al.，2000），在共同行动中培养双方的默契，默契又会反过来增加合作组织之间转移知识的意愿。

根据上述分析可以得出：企业网络能力的高低对企业关系资本促进原子企业与网络中关联组织间知识转移意愿的作用过程具有调节作用。本书提出如下假设：

H9：企业网络能力越强，企业关系资本对知识转移意愿的促进作用越明显。即：

H9a：网络能力在信任与知识转移意愿的关系中发挥正向调节作用；

H9b：网络能力在承诺与知识转移意愿的关系中发挥正向调节作用；

H9c：网络能力在专用性投资与知识转移意愿的关系中发挥正向调节作用；

H9d：网络能力在冲突管理与知识转移意愿的关系中发挥正向调节作用；

H9e：网络能力在有效沟通与知识转移意愿的关系中发挥正向调节作用；

H9f：网络能力在共同行动与知识转移意愿的关系中发挥正向调节作用。

3.6 本书理论框架

综上所述，在本章中，先是对企业关系资本对知识转移效果影响的核心变量进行了理论推导，从人的主观能动性出发找出了夹在它们之间的中介变量知识转移意愿，这与学者构建的资源至绩效的行动研究范式相吻合。本节还从企业所处的网络群体环境对企业关系资本的影响因素进行了分析，提出了企业网络能力对企业关系资本对知识转移意愿影响的调节作用，这些都是基于前人理论假设的分析与推演，本章构建了企业关系资本对知识转移的影响研究的理论框架，如图 3.5 所示。在此理论框架基础上，本章提出了企业关系资本与知识转移效果、知识转移意愿与知识转移效果、知识转移意愿的中介作用和企业网络能力的调节作用这几种逻辑关系，将这些关系共汇总成四组，一共 19 条研究假设。

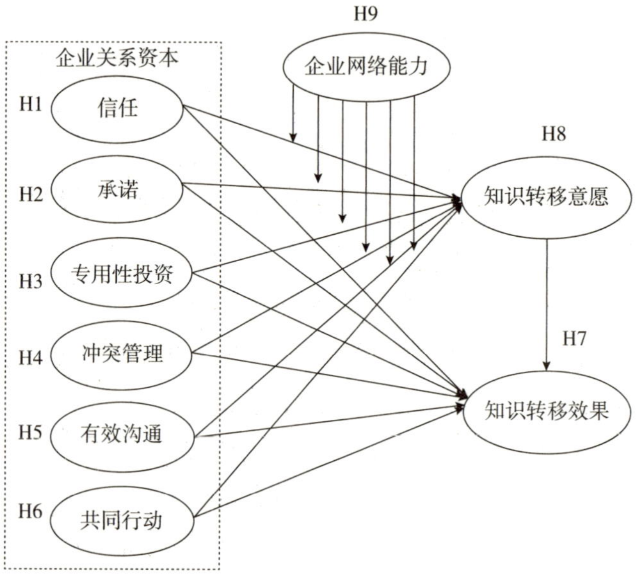

图 3.5　企业关系资本对知识转移的影响研究的理论框架

3.7　本章小结

本章先是针对企业关系资本对知识转移效果的影响因素进行了文献考查，从知识转移的对象是人这个基本点出发，强调发挥人的主观能动性，从有关的文献中推导出这两个核心变量之间的中介变量——知识转移意愿，搭建了从企业关系资本到知识转移意愿再到知识转移效果的作用路径。本章对企业关系资本的各个维度变量对其他核心变量的影响均进行了文献考查，并据此提出了比较正向的关系假设。通过对知识转移发生的环境即企业所处的网络群体环境进行考虑，提出了企业网络能力对自变量和中介变量的调节，也深入考查了企业网络能力对企业关系资本内容的调节逻辑，最终形成了本书的研究模型和 19 个关系假设。

4 研究设计

本章是承上启下之篇，任务是对前三章构建的研究模型进行研究设计和数据处理。虽然，影响企业知识转移效果的因素很多，但本书的理论分析主要集中在企业群体网络环境下利用企业关系资本获取网络内其他组织的知识资源和技术的获取行为。因此，研究变量设定为企业关系资本、知识转移意愿、知识转移效果和企业网络能力。为了保证研究的高可靠性和有效性，本章将重点开展严谨的研究设计，具体是对本书的变量进行测量和数据收集。对于变量量表的测量，主要是进行前人文献参考，从经典的文献中借鉴其测量方法，再根据实际研究情况充分听取导师及相关专家和企业人员的意见，设计调查问卷。

本书涉及的主要变量有：包括自变量为企业关系资本，因变量为知识转移的效果，中介变量为转移知识的意愿，调节变量为企业网络能力和相关控制变量。这些变量属于虚拟变量，无法通过显著的数据进行测量。因此，本书借鉴前人的研究办法对这些变量采用了 5 级李克特量表评分方法，并在此基础上设计了本书变量的度量问题，这个设计过程在后期的变量测量中会详细描述。

4.1 研究方法与数据收集

本书的主要变量是企业关系资本、知识转移意愿、知识转移效果以及企业网络能力，由于这些变量是虚拟变量，不能直接测量其数值，也不能直接计算其逻辑关系，因此，根据前人对这种情况的研究方法，本章主要采用结构方程模型这种方法对自变量企业关系资本6个维度（包括信任、承诺、专项投资、冲突管理、有效沟通和共同行动）对因变量知识转移效果的影响的路径，除了使用结构方程模型外，本章还采用科学的验证方法来检测变量的可靠性和有效性。

4.1.1 研究方法

4.1.1.1 结构方程模型

结构方程模型（SEM）是一种新型的统计数据分析工具，它结合了多元回归分析、路径分析（PA）和验证性因子分析（CFA）等数据统计验证的方法（李怀祖，2004）。其主要功能是验证，即研究人员根据预设模型与数据之间的一致性程度验证和修改预设的理论模型，具体方法是从数学性质的角度出发，利用采集的数据计算变量之间的相关性，检验其相关系数是否显著（侯杰泰、温忠麟、程子娟，2004）。

依据严谨的数据分析方法，目前研究界适合用于结构方程分析的软件主要有LISREL（Linear Structural Relations）、AMOS（Analysis of Moment Structures）、EQS（Equations）和Mplus。它们都有其适用人群，而且目前这些软件的分析结果大家比较认可，基于笔者对于这些结构方程分析软件的熟悉程度，本章选取了AMOS24.0软件包来进行结果模型的检验分析。

根据AMOS24.0分析软件可以提供的评估指标值，以及侯杰泰、温忠麟、程子娟（2004）和Herbert W. Marsh（2004）的建议，本章将使用的绝对拟合指数是卡方CMIN和RMSEA两种，相对拟合指数是NFI和CFI。这些指数和参考标准如下：

卡方CMIN是用于计算所验证样本和再生的协方差之间的差异，并验证它们之间是否存在显著关系，如果小于给定的值则可以认为模型适合。在实践中，通常使用卡方与自由度（DF）的比率来衡量，当CMIN/DF的值在2.0~5.0

时，模型被认为是可接受的。近似误差均方根缩写为 RMSEA，主要用于测量实际的达到饱和的结构模型与假设的结构模型之间的差异是否显著。它的取值为 0~1，对于可接受的拟合，其值必须小于 0.1；而 RMSEA <0.05 则非常适合；并且 RMSEA <0.01 接近于非常完美的拟合，即 RMSEA 越接近 0 表示模型越适合。非标准拟合指数（NFI）和比较拟合指数（CFI）这两个值均在 0~1，越大越好，代表其拟合效果越好，通常认为这两个值需大于 0.9，结构模型可以接受。

4.1.1.2 信度和效度分析

（1）可靠性分析。通常使用三种类型的指标来测试可变可靠性：稳定性、等价性和内部一致性（李怀祖，2004）。一致性在做数据信度分析时经常用到，主要是对测量的题项进行一致性分析，检测每个题项是否可以独立对测量变量有贡献，如果两道或者更多的题项均是表达一个意思，则被认为存在一致性，需进行删除。其测量方法根据数据本身的性质不同分为两种：第一种是 KR20 方法，它适合于对问题的选项是两个的数据分析；第二种是使用 Cronbach's α 系数，它适用于分析数据为定量尺度（李怀祖，2004）。本书中量表是采用李克特 5 级评分的形式。因此，Cronbach's α 系数法用于测试本书中量表的内部一致性。其值也是介于 0~1，但其有效值的标准取多少，要根据所开展研究的类型来确定（李怀祖，2004）。本书是理论探索类型的研究，所以 Cronbach's α 系数的有效值为小于 0.7。

（2）有效性分析。有效性是题项能测量变量的有效程度，主要是用于测量所调查的数据是否能够真实地反映所研究概念的状态（Zikmimd，1998）。有效性可分为三类：内容有效性、与上下文相关的有效性以及与构造相关的有效性。其中，内容有效性主要用于测试调查样本是否是全部领域的代表性样本。该标准的有效性也称为经验有效性，它反映调查回来的数据在多大程度上可以实现理论思想或特征，也可以看出数据是否能够代表研究变量，或者是把变量用数据的方式进行表达的程度。

Anderson 和 Gerbing（1988）也认为，变量的有效性测量主要是采用因子分析法也叫降维法，主要是对变量进行降维分析，测试各个题项对变量的因子载荷值，如果该值大于0.5，则可以认为该题项对变量有因子贡献，予以保留（Fomell and Larcker，1981），该题项能通过对变量的有效检验。还有一种是测量题目的得分值和总变量的得分值的相关系数是否显著，如果显著则题目有效，反之则要对该题项进行删除。

4.1.1.3　因子分析

因子分析也叫降维分析，主要用于对杂乱无章的数据进行因子归类，找出属于同一个因子（或一类）的数据放在一起，以明确由何种因素构成该变量（概念）（Devellis，1991）。因子分析主要有两种分析方法：一种是探析性因子分析，另一种是验证性因子分析。前者主要用于事先不知道变量的因子构成，而借助数据统计分析，对相似数据进行求公因子，取因子贡献值达到0.5以上的，进行归类分析，最终得出变量的因子构成维度。

验证性因子分析与第一种刚好相反，其主要是在知道变量的因子构成之后，对变量进行结构方程建模，并对模型进行检验，如果模型通过检验则可以认为该变量的因子构成是有效的（Child，1990）。因此，在日常研究中，这两种因子分析方法经常会被结合使用，在文献分析中对变量的维度构造进行理论推导，并据此进行题型设计，得到调查数据后，即可对其进行探索性因子分析以查看其是否与理论推导一致，但为了进行双重论证，还必须进行验证性因子分析，对其因子结构进行方程建模和验证，如果检验通过则可以认为描述该变量的量表是科学可行的。

4.1.2　数据收集

本书的数据收集主要是通过调查问卷来进行的，因此必须保证所调查数据能够真实地反映研究本质。为此，本书从研究对象选择、研究区域选择和问卷发放渠道多样性等方面提高研究的基本有效性。

本书锁定的研究对象是高新技术企业。它们的主营业务均是高科技产品及其产品创新，此类企业对知识创新的要求非常高，其大部分的企业绩效来自产品或技术的创新，这类企业发展的速度也是较快的，因此，为了支撑起快速发展，它们对知识资源的需求是非常大的，在市场全球化和企业合作常态化的时代，这类企业进行合作开发和技术联盟是非常多的，它们对自身的知识库更新和知识创新的需求也是较高的，为此，它们可能会进行频繁的知识转移活动。因此，确定高新技术企业作为本书的研究对象，符合本书研究的理论背景，也符合本书研究的数据需求。所谓高新技术企业，没有一定的标准，本书主要参照由科技部、财政部和国家税务总局联合规定的，高新技术企业必须符合的创新人员占比和创新产品或技术产生收入占企业总收入的比例等标准。

在确定调查对象后，本书通过三种方式进行问卷调查：

（1）直接查找企业发放。通过查看中国企业黄页搜索高新技术企业，根据黄页名录上的企业查找联系方式。如果无法联系对方负责人，就通过电子邮件直接说明调查目的，并将调查问卷一并发送；如果黄页目录中没有电话号码和电子邮件地址等联系信息，则在网络中搜索企业的官方网站，然后通过网站的联系方式与对方取得联系，再通过电子邮件发送调查问卷。

（2）MBA 和 PHD 课堂发放。在泰国正大管理学院中国研究生中心的帮助下，在部分 MBA 和 PHD 项目的教学班发放问卷，问卷被分发给班级和课堂上的 PHD 和 MBA 班学生。大多数 PHD 和 MBA 课程的学员都是在职的企业工作人员，他们利用休假时间进行课程学习，其中大部分是企业的管理人员，对所在企业有一定全面的了解。在进行现场问卷分发和收集后，将问卷进行逐份查看并排除未在高科技行业的调查问卷。

（3）网络分发。由于地域的原因，本书利用网络的便利性在问卷星网站上注册并将问卷的题项制作成网页版，用滚雪球的方式对自己周边，在高新技术企业工作并具备管理经验的人员进行网络发放，并要求他们再次向他们的人际关系网络发送问卷链接。收到问卷链接的人请高科技企业的人员填写调查问卷。通过这个路径发出的问卷数量很大，但伴随的问题是无效问卷的比例也比较高。例如，涉及企业不是高科技企业的比较多，也有些人并非认真填写。

调查问卷的题项来源均经过严格的理论推导和实证数据检验，这些研究变量的识别和验证将在本章后面详细介绍。根据每个测量题项，使用李克特 5

级量表创建问卷。问卷中每项问题所选择的答案为数字 1~5，答案 1 表示很不同意，2 表示不同意，3 表示一般，4 表示同意，5 表示很同意。问卷设计和讨论完成后，先进行小样本测试回收了 79 份问卷，在进行小样本分析和测量后，剔除不合适题项后，进行了大范围的调查研究。通过上述文件分发渠道开展了近 3 个月的问卷调查活动（2017 年 7~10 月），共收集了 203 份有效问卷。通过各种路径回收的样本分布如表 4.1 所示。

表 4.1　问卷发放和回收情况

发放途径	发放问卷	回收问卷	回收率（%）	有效问卷	有效率（%）
直接发放	69	40	66.7	35	87.5
间接发放	50	10	20	8	80
课堂发放	60	57	95	50	87.7
网络发放		120		110	91.7
合计		227		203	

注：笔者整理。

问卷筛选具体是对回收的问卷进行审查，根据本书对样本的要求，删除非高科技企业的问卷，并且对答案不完整或受访者随意回答的问卷和选项得分相同的问卷及有明显问题的问卷进行删除。最后，获得了 203 份有效问卷。表 4.2 列出了 203 份问卷的样本企业的主要属性特征。

表 4.2　样本企业抽样情况汇总（N=203）

行业	样本数	占总数百分比（%）	累计百分比（%）
电子信息行业	36	17.73	17.73
通信行业	37	18.23	35.96
软件行业	67	33.00	68.96
化物医药行业	24	11.82	80.78
新能源	10	4.93	85.71
石化类	29	14.29	100

续表

所有制类型	样本数	占总数百分比（%）	累计百分比（%）
国有及国有控股	42	20.7	20.7
集体企业	12	5.9	26.6
民营及民营控股	62	30.5	57.1
外商独资企业	12	5.9	63.1
中外合资企业	7	3.4	66.5
其他	68	33.5	100
人数	样本数	占总数百分比（%）	累计百分比（%）
50 人以下	51	25.1	25.1
51~100 人	29	14.3	39.4
101~200 人	16	7.9	47.3
201~500 人	36	17.7	65
501~1000 人	24	11.8	76.8
1000 人以上	47	23.2	100
中国地区	样本数	占总数百分比（%）	累计百分比（%）
天津	16	7.88	7.88
北京	16	7.88	15.76
河北	20	9.85	25.61
上海	20	9.85	35.46
广东	25	12.32	47.78
广西	106	52.22	100

注：根据 SPSS21.0 输出结果整理。

从表 4.2 中的数据可以看出，本书中获得的样本行业的属性均在高新技术领域，且每个行业均有一定数量的占比；企业所有权包括国有、集体、私营、外资企业和中外合资企业；公司规模大小也各有分布，每种规模人数的企业样本分布较均匀；企业所在地主要分布在中国沿海地区，企业的成立年限也是分布均匀。

关于需要多少样本方可进行结构方程模型分析，业界至今没有定论，不同的学者提出了不同的观点。Lomax（1989）认为，即使样本量没有达到200个也可以进行结构性方程分析。Kling（1998）则认为，如果研究的样本数据能够呈现正态分布，则即使其样本是个位数也可以进行该分析；反之，如果不是正态分布，那么十位数的样本数据也可以进行结构方程分析。本书通过观察大部分的实证研究论文，发现它们大部分在进行结构方程模型检验时，样本容量基本是在100~200，而本书的有效样本数量为203，因此，研究的样本容量足以支撑进行结构方程分析，也不再追求更多的样本容量。

4.2 自变量的识别与测量

本书的一个主要创新点为创建适合中国情境的高新技术企业关系资本测量量表，为此本书严格依据量表开发的科学流程。根据 Hinkin（1995）和 Li Huaizu（2004）对变量量表的开发流程，本书对中国高新技术企业关系资本量表的开发步骤为：①进行自变量的文献梳理，弄清企业关系资本的来龙去脉，提取出对研究有价值的企业关系资本的内涵意义，对比较成熟的研究维度分析进行登记，形成研究关键字字典；②进行实际访谈、讨论。根据本书中对企业关系资本维度的文献分析，列出测量变量的要点大纲，设计访谈提纲，在对研究对象进行深入访谈期间，可以和相关领域专家进行深度研讨，听取专家建议。对专家提出的问题进行深度讨论，并与之形成初步问卷。③小规模测试。根据步骤②中获得的初始量表，进行小规模问卷填写。然后，对回收的测量数据进行探索性因子分析，校正初始尺度项目的设置，然后分析形成变量的可靠性。④确认大规模调研的规模样本大小，进一步重新确认修正步骤。⑤有效性测试以及验证性因子分析，以进一步确认研究的所有量表。

4.2.1 企业关系资本的初始量表

根据量表开发的步骤①，本书参考了关于企业关系资本的研究成果。对比本书的研情，与相关领域专家就实际问题实际分析，探讨企业关系资本对知识转移意愿、知识转移效果以及企业网络能力调节作用的影响。根据企业关系资本的维度关键因素和相关专家进行了详细讨论，本书提出了企业关系资本的度量维度主要涵盖信任、承诺两个情感因素，和专项投资、冲突管理、有效沟通和共同行动四个行动因素不同的衡量维度，各个维度的题项内容和文献来源如表 4.3 所示。

表 4.3 企业关系资本初始量表测量题项

题项内容	依据或来源
信任 1. 我们信任关联企业可以很好地履行其责任 2. 我们信赖关联企业的技术专业程度 3. 我们信赖关联企业不会泄露我们的机密 4. 我们信赖关联企业所提供信息的准确性	Tsai 和 Ghoshal（1998）， Kale 等（2000）， Yli-Renko 和 Autio Sapienz（2001）， Beugelsdijk 和 Smulders（2003）， Maurer、Bartsch 和 Ebers（2011）
承诺 1. 我们承诺与关联企业的合作遵守互惠互利的原则 2. 我们与关联企业致力于保持长久的合作关系 3. 我们会信守对关联企业的承诺 4. 我们相信关联企业对我方也有同样承诺并可以信守诺言	Tsai 和 Ghoshal（1998）， Kale 等（2000）， Yli-Renko，Autio Sapienz（2001）， Beugelsdijk 和 Smulders（2003）， Maurer、Bartsch 和 Ebers（2011）
专用性投资 1. 为维护关系，我们投入了大量的时间和精力 2. 为维护关系，我们在土地、设备等有形资产方面进行了专门投资 3. 为维护关系，我们在人员、技术等无形资产方面进行了专门投资 4. 我们进行了与关联企业管理者、员工的私人关系投资	Ganesan（1994）， Smith 和 Barclay（1997）， 魏旭光等（2013）

续表

题项内容	依据或来源
冲突管理 1. 我们与关联企业间存在解决合作冲突的方法或惯例 2. 我们与关联企业能够监控和预防合作中的潜在冲突 3. 当冲突发生时，我们与关联企业共同努力解决问题 4. 当冲突发生时，双方高管都参与冲突的解决	Kale 和 Singh Perlmutter（2000）， Lam 和 Chin（2005）， Mele（2011）
有效沟通 1. 我们与关联企业间具有双向沟通机制 2. 我们与关联企业无保留地与对方分享重要信息 3. 我们与关联企业能够准确理解对方发出的信息 4. 我们与关联企业能够保障所传递信息的准确性	Tjosvold、栗芳和万洁平（2002）， Chen、Liu 和 Tjosvold（2005）， M. Sambasivan（2011）
共同行动 1. 我们与关联企业有共同的、可共享的目标 2. 我们与关联企业能够根据目标共同制订行动规划 3. 我们与关联企业能够进行共同决策 4. 面对问题时，我们与关联企业能够共同求解	DeClercq 和 Sapienza（2006）， Collins 和 Hitt（2006）， 薛卫、雷家潮和易难（2010）

注：笔者依据相关文献整理。

4.2.2 基于小样本的企业关系资本的初始量表检验

在对企业关系资本的初始规模进行理论分析得到初始问卷后，本章将对初始问卷进行测试。先是小规模发放问卷，回收数据后对该数据进行分析，小样本分析使用到的统计软件是 SPSS21 和 AMOS24。首先，对样本数据进行了效度分析，具体是采用探索性因子分析方法（EFA）。对结果进行分析，删除因子载荷不到 0.5 的题项。其次，进行验证性因子分析（CFA），建立自变量的结构方程模型，对结果进行分析，以此确认企业关系资本的维度和题项组成。

4.2.2.1 企业关系资本初始量表小样本的探索性分析

将小样本数据导入 SPSS 软件中，运用降维的命令对企业关系资本的所有题项进行因子分析，方法是主成分分析法，选取特征值大于 1，进行探析企业关系资本的维度划分和量表构成。小样本数据的来源主要是从泰国正大管理学院 PHD 课堂和 MBA 课堂回收的数据，剔除掉无效问卷后，共回收有效问卷 79 份。

首先，对涉及测量企业关系资本的数据进行相关性检测。其测量指标为 KMO 指数和 Bartlett 球形统计值，测试结果如表 4.4 所示。从表 4.4 中可以看出，KMO 值为 0.745，大于检测标准 0.7，Bartlett 球形统计值与 0 显著不同，相关性检测结果通过。

表 4.4 企业关系资本量表小样本的 KMO 和 Bartlett 球形检验（N=79）

取样足够的 KMO 度量值		0.745
Bartlett 球形度检验	近似卡方值	987.996
	df	276
	Sig.	0.000

注：根据 SPSS21 统计结果整理。

通过 KMO 和 Bartlett 球形测试后，继续探索性因子分析。第一步，在数据分析统计软件中，设置进行因子分析的每个参数，选择主成分分析方法，以特征根大于 1 的方法提取因子。选择数据的旋转方法是最大方差法，对分析结果数据进行表格美化后得到的结果如表 4.5 所示。

表 4.5 企业关系资本小样本的探索性因子分析结果（N=79）

题项	描述性统计		因子负荷						
	均值	方差	1	2	3	4	5	6	7
信任 1	3.46	0.813	0.736	0.24	0.17	0.023	0.121	−0.102	0.03
信任 2	3.65	0.801	0.605	0.127	0.2	0.002	0.452	0.03	−0.041
信任 3	3.06	1.03	0.506	0.036	0.378	0.442	0.148	−0.353	0.043
信任 4	3.54	0.712	0.648	0.188	0.262	0.204	0.129	0.093	−0.129
承诺 1	3.72	0.767	0.354	−0.117	0.634	−0.05	0.279	0.068	0.307
承诺 2	3.76	0.804	0.307	−0.089	0.714	0.028	0.097	0.192	0.031
承诺 3	3.92	0.859	0.321	0.165	0.707	−0.016	−0.046	0.225	0.292

续表

题项	描述性统计		因子负荷						
	均值	方差	1	2	3	4	5	6	7
承诺 4	3.58	0.886	0.293	0.329	0.007	0.042	0.462	0.133	0.382
专用性投资 1	3.81	0.863	0.177	0.728	−0.126	0.235	0.116	0.016	0.081
专用性投资 2	3.65	0.785	−0.14	0.66	0.08	0.117	0.497	0.05	−0.093
专用性投资 3	3.65	0.833	0.2	0.737	0.15	−0.236	0.323	0.036	0.284
专用性投资 4	3.62	0.852	−0.12	0.592	0.127	0.005	0.275	0.396	0.353
冲突管理 1	3.75	0.65	0.013	−0.006	0.173	0.24	0.182	0.777	0.273
冲突管理 2	3.66	0.749	0.334	0.145	0.025	0.207	0.12	0.804	−0.159
冲突管理 3	3.91	0.754	−0.022	0.44	0.338	0.101	0.165	0.584	−0.263
冲突管理 4	3.77	0.876	0.143	−0.062	0.364	0.059	0.107	0.661	−0.096
有效沟通 1	3.87	0.757	0.148	0.139	0.324	0.149	0.439	0.316	−0.159
有效沟通 2	2.95	1.142	−0.039	0.019	0.001	0.816	0.23	0.208	0.125
有效沟通 3	3.41	0.855	0.2	0.06	0.208	0.591	0.058	−0.049	0.057
有效沟通 4	3.63	0.683	0.175	0.073	0.022	0.791	0.065	0.228	0.113
共同行动 1	3.72	0.8	0.171	0.19	−0.12	0.312	0.781	0.049	−0.02
共同行动 2	3.66	0.799	0.28	0.331	−0.134	0.254	0.721	0.094	−0.076
共同行动 3	3.54	0.844	0.242	0.121	−0.014	0.303	0.774	−0.001	−0.065
共同行动 4	3.72	0.816	0.322	0.119	0.351	−0.061	0.623	0.155	−0.034

注：根据 SPSS21 统计结果整理（抽取方法：主成分分析法，基于特征值大于 1；旋转方法：最大方差法）。

从表 4.5 中我们可以看出，根据特征根大于 1 的要求，总共提取了 7 个公因子。其中有两个题项的因子负荷值没有超过 0.5，按照规定予以删除题项处理。其余选项通过主成分分析，其中信任、专用投资、冲突管理和共同行动四项的题项都在同一个因素中，所涉及的题项不需要进行处理。

第二步，对第一步中出现问题的两个题项即承诺 4 和有效沟通 1 的数据进行删除，再次执行步骤 1 中的探索性因子分析方法操作，其输出结果见表 4.6。

表 4.6　修正后的企业关系资本小样本的探索性因子分析结果（N=79）

题项	因子负荷					
	1	2	3	4	5	6
信任 1	0.633	0.34	0.058	−0.182	0.091	−0.042
信任 2	0.61	0.129	0.001	0.152	0.361	0.043
信任 3	0.641	0.078	0.445	0.155	0.051	−0.317
信任 4	0.658	0.221	0.194	0.105	0.028	0.138
承诺 1	−0.05	−0.095	0.704	0.383	0.237	0.106
承诺 2	0.03	0.026	0.725	−0.092	0.013	0.253
承诺 3	−0.026	0.174	0.643	0.476	−0.062	0.252
专用性投资 1	0.116	0.714	0.255	0.11	0.061	0.008
专用性投资 2	−0.037	0.653	0.134	−0.158	0.049	0.03
专用性投资 3	0.193	0.72	−0.225	0.285	0.387	0.043
专用性投资 4	0.035	0.675	0.03	0.09	0.275	0.433
冲突管理 1	0.097	0.008	0.244	0.113	0.223	0.807
冲突管理 2	0.215	0.145	0.175	0.049	0.045	0.794
冲突管理 3	0.38	0.366	0.11	−0.405	0.097	0.538
冲突管理 4	0.451	−0.018	0.075	−0.208	0.125	0.573
有效沟通 2	−0.024	0.008	0.061	0.824	0.224	0.223
有效沟通 3	0.244	0.067	0.476	0.599	0.119	0.007
有效沟通 4	0.117	0.066	0.17	0.787	0.047	0.252
共同行动 1	−0.065	0.128	0.311	0.12	0.768	0.062
共同行动 2	0.338	0.286	0.215	−0.09	0.688	0.104
共同行动 3	0.067	−0.046	0.281	0.323	0.758	0.005
共同行动 4	0.387	−0.043	−0.08	0.211	0.666	0.178

从表 4.6 中可以看出，在删除两个题项后，剩余的 22 个题项的最大因子负荷值高于 0.5（最大值为 0.824，最小值为 0.538），并且每个维度的题项的因子负荷均分布在对应的维度里。共提取了 6 个公因子，它们分别是信任、承诺、专项投资、冲突管理、有效沟通和共同行动，这与之前的研究假设相吻合。

4.2.2.2　企业关系资本初始量表小样本的一致性检验

一致性检验又称可靠性检验，主要是检测数据是否存在一致性，即是否有两道或多道题项的结果指向一致，对于指向一致的题项要进行剔除。一致性检测主要是观察变量维度 Cronbach's α 系数的大小（其标准是大于 0.7）和题项得分与数据总得分的相关系数（CITC）的值，其标准是大于 0.35，同时，观察在删除题项后，删减后的内部一致性指数（Cronbach's α 系数）对比原 Cronbach's α 系数的大小趋势，以确定是否可以通过删除某些项目来提高整体规模的可靠性。

首先，对初始量表规模的所有 24 个题项进行可靠性测试，输出如表 4.7 所示。从表 4.7 可以看出，所有测量维度的 Cronbachs's α 系数均大于 0.7，每个题项与维度的相关系数（CITC）都大于 0.35。在查看对比每个题项“删除后的 Cronbach's α”的值时发现，承诺 4 题项和有效沟通 1 题项的这个值比各自的 Cronbach's α 系数大，不符合判定标准，依据规定予以删除。最后形成企业关系资本 6 个维度包含的 22 个问题。

表 4.7　企业关系资本 6 个维度小样本的信度检验（N=79）

变量维度	题项	CITC	Cronbach's α	删除此项后的 Cronbach's α
信任	信任 1	0.506	0.736	0.689
	信任 2	0.55		0.666
	信任 3	0.546		0.679
	信任 4	0.546		0.674

续表

变量维度	题项	CITC	Cronbach's α	删除此项后的 Cronbach's α
承诺	承诺 1	0.641	0.768	0.71
	承诺 2	0.471		0.767
	承诺 3	0.748		0.646
	承诺 4	0.528		0.79
专用性投资	专用性投资 1	0.401	0.741	0.737
	专用性投资 2	0.605		0.643
	专用性投资 3	0.576		0.656
	专用性投资 4	0.565		0.663
冲突管理	冲突管理 1	0.463	0.711	0.604
	冲突管理 2	0.555		0.535
	冲突管理 3	0.472		0.591
	冲突管理 4	0.352		0.686
有效沟通	有效沟通 1	0.375	0.702	0.755
	有效沟通 2	0.623		0.524
	有效沟通 3	0.539		0.584
	有效沟通 4	0.599		0.574
共同行动	共同行动 1	0.449	0.756	0.753
	共同行动 2	0.634		0.654
	共同行动 3	0.627		0.656
	共同行动 4	0.508		0.723

注：根据 SPSS21 统计结果整理。

在小样本数据中删除承诺 4 题项和有效沟通 1 题项的数据后，对涉及这两个删除题项的变量再次进行一致性检验，结果见表 4.8，从表中数据我们可以看出，承诺维度和有效沟通维度的 Cronbach's α 值分别为 0.777 和 0.755，都超过了 0.7。同时这两个维度的剩余题项的 CITC 值全部都超过了 0.35，符合一致性检测的标准。

表 4.8　企业关系资本承诺维度和有效沟通维度小样本的信度检验（N=79）

变量名称	题项表述	CITC	Cronbach's α
承诺	承诺与关联企业的合作遵守互惠互利的原则	0.676	0.777
	与关联企业致力于保持长久的合作关系	0.497	
	会信守对关联企业的承诺	0.641	
有效沟通	我们与关联企业无保留地与对方分享重要信息	0.693	0.755
	我们与关联企业能够准确理解对方发出的信息	0.654	
	我们与关联企业能够保障所传递信息的准确性	0.677	

注：根据 SPSS21.0 统计结果整理。

4.2.2.3　企业关系资本量表的验证性因子分析

经过对企业关系资本的探析性因子检验后形成了企业关系资本的 6 个维度和 22 个测量题项。根据量表开发的步骤，还需要对其进行验证性因子分析以确定最终的量表。验证性因子分析是针对整个大样本数据的，以此 22 题项的问卷进行了较大范围的数据研究和问卷调查。数据收集方法和数据的基本特征已在本书 4.1.2 的数据收集部分进行了详细描述。

由于本书调查的对象是企业的高管，以及研究者自身的人脉关系原因，所以每一份样本数据的收集都来之不易。由于大样本的问卷与之前小样本测试的问卷对比只是删除了 2 道题项，并不影响其他题项的效力，因此本书将小样本的 79 个样本也一并放入大样本数据中。通过扩大问卷的收集范围，最终得到了 203 份有效问卷。本研究首先对企业关系资本回收的 203 份有效问卷进行可靠性测试分析，结果见表 4.9。测试方法仍然是使用企业关系资本变量的所有题项与总体的相关系数（CITC）值和每个变量的内部一致性指数（Cronbach's α 系数）的变化趋势进行判断。

表 4.9　企业关系资本各题项的信度检验（N=203）

变量	题项	CITC	删除该项后 Cronbach's α	Cronbach's α
信任	信任关联企业可以很好地履行其责任	0.562	0.687	0.751
	信赖关联企业的技术专业程度	0.563	0.686	
	信赖关联企业不会泄露我们的机密	0.572	0.685	
	信赖关联企业所提供信息的准确性	0.506	0.715	
承诺	承诺与关联企业的合作遵守互惠互利的原则	0.507	0.611	0.737
	与关联企业致力于保持长久的合作关系	0.533	0.68	
	会信守对关联企业的承诺	0.539	0.625	
专用性投资	为维护关系，我们投入了大量的时间和精力	0.432	0.68	0.704
	为维护关系，我们在土地、设备等有形资产方面进行了专门投资	0.612	0.57	
	为维护关系，我们在人员、技术等无形资产方面进行了专门投资	0.498	0.636	
	我们进行了与关联企业管理者、员工的私人关系投资	0.434	0.675	
冲突管理	与关联企业间存在解决合作冲突的方法或惯例	0.506	0.594	0.719
	我们与关联企业能够监控和预防合作中的潜在冲突	0.524	0.58	
	当冲突发生时，我们与关联企业共同努力解决问题	0.534	0.688	
	当冲突发生时，双方高管都参与冲突的解决	0.509	0.698	
有效沟通	我们与关联企业无保留地与对方分享重要信息	0.482	0.7	0.702
	我们与关联企业能够准确理解对方发出的信息	0.626	0.491	
	我们与关联企业能够保障所传递信息的准确性	0.492	0.65	
共同行动	我们与关联企业有共同的、可共享的目标	0.464	0.736	0.749
	我们与关联企业能够根据目标共同制订行动规划	0.649	0.63	
	我们与关联企业能够进行共同决策	0.556	0.684	
	面对问题时，我们与关联企业能够共同求解	0.512	0.708	

注：根据 SPSS21.0 统计结果整理。

由表 4.9 中的数据我们可以看出，每个维度的 Cronbach's α 值均超过标准值 0.7，每个题项在删除该题项后 Cronbach’s α 值对比原来其维度的 Cronbach’s α 值都有所降低，符合观测标准，再看每项的 CITC 值，也都大于 0.35，符合规定。因此数据良好，能通过信度检验。

通过信度检验后，进行验证性因子分析，首先在 AMOS24 软件中建立企业关系资本与其 6 个维度信任、承诺、专用性投资、冲突管理、有效沟通和共同行动的逻辑关系模型。导入调研数据并运行结构方程模型，其模型的运算结果如图 4.1 所示，模型中各条路径的系数结果和模型拟合的相关数据如表 4.10 所示。

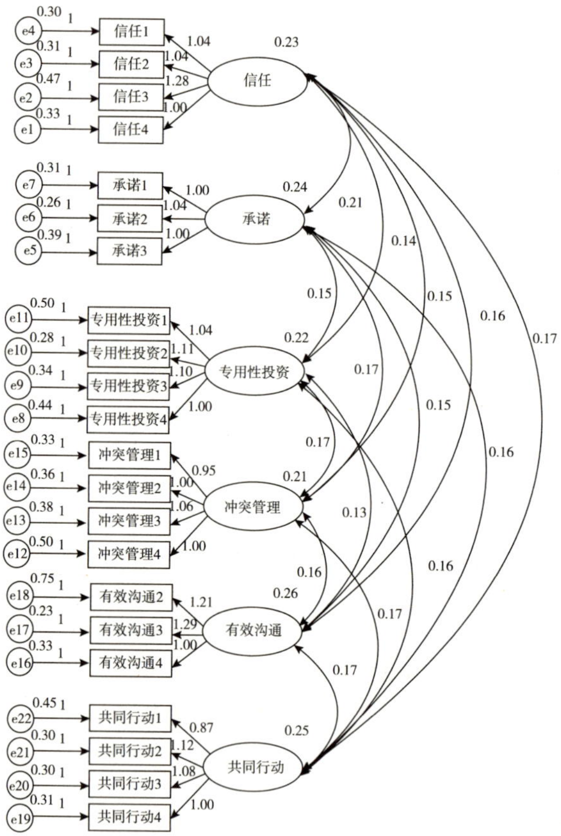

图 4.1　企业关系资本验证性因子分析测量模型及运算结果

注：根据 Amos24 绘制模型输出结果整理。

表 4.10　企业关系资本验证性因子分析拟合结果（N=203）

路径	标准化系数	P	
信任 1 →信任	0.669	***	
信任 2 →信任	0.666	***	
信任 3 →信任	0.663	***	
信任 4 →信任	0.641	***	
承诺 1 →承诺	0.661	***	
承诺 2 →承诺	0.703	***	
承诺 3 →承诺	0.615	***	
专用性投资 1 →专用性投资	0.563	***	
专用性投资 2 →专用性投资	0.697	***	
专用性投资 3 →专用性投资	0.657	***	
专用性投资 4 →专用性投资	0.574	***	
冲突管理 1 →冲突管理	0.605	***	
冲突管理 2 →冲突管理	0.609	***	
冲突管理 3 →冲突管理	0.624	***	
冲突管理 4 →冲突管理	0.546	***	
有效沟通 2 →有效沟通	0.583	***	
有效沟通 3 →有效沟通	0.811	***	
有效沟通 4 →有效沟通	0.667	***	
共同行动 1 →共同行动	0.544	***	
共同行动 2 →共同行动	0.715	***	
共同行动 3 →共同行动	0.702	***	
共同行动 4 →共同行动	0.668	***	
CMIN	448.795	RMSEA	0.080
DF	194	NFI	0.849
CMID/DF	2.313	CFI	0.937

注：根据 Amos24 输出结果整理。

上述拟合结果数据表明，该企业关系资本 6 个维度和 22 个题项构建的测量方程模型的 CMIN 值为 448.795(自由度 DF 为 194),CMIN / DF 的值为 2.313，大于 2，小于 5，在有效范围内。而非标准拟合指数 NFI 和比较拟合指数 CFI 的值分别为 0.849 和 0.937，均接近 1；近似误差 RMSEA 的值为 0.080，表明该模型可以通过最优拟合，测量模型成立。此外，测量方程模型中的每条路径上的回归系数均通过显著性检验（* 表示显著性水平 $p<0.05$，*** 表示显著性水平 $p<0.001$）。这个结果说明，构建的企业关系资本维度测量模型通过了验证性因子检验。再结合之前的探索性因子检验的结果，本书开发的中国情境的高新技术企业关系资本可以分为信任、承诺、专用投资、冲突管理、有效沟通和共同行动 6 个衡量维度，并进一步描述为 22 题项指标。

4.3 因变量、中介变量、调节变量的识别与测量

在本书中，因变量是知识转移效果，中介变量为知识转移的意愿，调节变量为企业网络能力，这些变量具备丰富的多种特征的输出因子，评估和衡量它们比较困难。因此，不同的研究领域尚未对这几个变量有公认和一致的测量量表。研究人员主要根据自己的研究内容和情景来衡量具体问题或指标，本书依据虚拟变量的测量办法，使用李克特 5 级测量方法编制按照认同程度来区分的定距题项组成的问卷，让受访者根据企业自身的实际情况判断知识转移效果、知识学习、转移意愿、网络能力等的表现，并依据这些判断来测量和评估这些变量。

本书的调查问卷设计是基于大量的前人研究文献，它是以相关变量中的经典题项作为参考。为了确保研究结果的科学性和严谨性，本书对这些变量的测量和检验也沿用了之前对企业关系资本量表开发的流程和方法，即从文献查阅到与领域专家商讨，再到初步量表出来再到利用大样本数据进行信度和效度检验。本书对这些因变量、中介变量和调节变量的数据进行了可靠性和有效性分析，也进行了探索性因子分析和验证性因素分析。

4.3.1 因变量的量表设计与测量

4.3.1.1 因变量的量表设计

本书的因变量是知识转移效果。Smith（2000）认为，对于企业间知识转移成功与否，衡量的指标主要是知识接收方对新知识的应用效果，知识转移效果的衡量看应用新知识的量和质，量可以通过测量转移的显性知识的量来直接测得，而隐性知识则是要衡量其质的应用，可以通过对新知识应用绩效的变化来衡量。这些能够亲自感知绩效变化的人，包括经理、员工、企业合作伙伴、股东等，他们的主观评价都是衡量知识转移的重要依据。因此，知识转移效果的宏观测量可以通过企业的绩效改变等相关数据来测量（Ardichvili，2003），也可以通过上述人员的主观感觉评价来测量，具体可以通过他们在知识转移后的收入变化，以及它是否可以帮助新人改善知识素质，企业员工是否愿意使用这些新的知识，新知识是否可以提高接收方隐藏的知识和能力等来衡量知识转移的效果。具体题项内容和参考来源如表 4.11 所示。

表 4.11 知识转移效果的预设量表

题项	依据或来源
知识转移效果 1. 通过与关联企业进行知识转移不会花费我们太多的时间、精力等 2. 通过与关联企业知识转移，员工知识素质得到很大提高 3. 通过使用转移的知识，员工能更好地完成工作 4. 企业经常在工作中使用这些接受的转移知识 5. 我们对与关联企业间知识转移的效果很满意	Szulanski（1996）、Teece（1998）、Kostova（1999）、Smith（2000）、Ardichvili（2003）

注：笔者归纳整理。

4.3.1.2 因变量各问项的测量与检验

（1）信度检验。本章主要是运用 SPSS 软件对知识转移效果的题项进行信度检验操作，从结果中读取知识转移效果的总变量的相关系数与每个题项的相关系数（即 CITC）的数值是否在符合检验的范围内，读取知识转移效果的 Cronbach's α 系数和观察每个题项的删减后的 Cronbach's α 系数与原 Cronbach's α 系数的大小进行比较，以确定是否可以通过消除一些题项来提高整体研究规模的可信度。将问卷数据中知识转移效果的 5 个题项的数据用 SPSS 做信度分析，输出结果如表 4.12 所示。从表 4.12 中可以看出，五个项目中所有项目的总相关系数（CITC）都大于 0.35。同时，变量的内部一致性指数，即 Cronbach's α 系数为 0.752 超过 0.7，符合规定。观察每个题项删除后的 Cronbach's α 系数的值是否小于原 Cronbach's α 系数，小于则表明删除该题项后会导致变量的 Cronbach's α 系数变小，因此不能进行删除。5 个题项删除后的 Cronbach's α 系数均小于原 Cronbach's α 系数值。因此，综合所有观测指标，知识转移效果的题项和数据一致性检验通过。

表 4.12　知识转移效果的信度检验（N=203）

测量题项	CITC	Alpha if item deleted	Cronbach's α
1. 通过与关联企业进行知识转移不会花费我们太多的时间、精力等	0.488	0.725	0.752
2. 通过与关联企业知识转移，员工知识素质得到很大提高	0.439	0.735	
3. 通过使用转移的知识，员工能更好地完成工作	0.617	0.674	
4. 企业经常在工作中使用这些接受的转移知识	0.572	0.689	
5. 我们对与关联企业间知识转移的效果很满意	0.497	0.715	

注：根据 SPSS21.0 输出结果整理。

（2）探索性因子分析。对知识转移效果的数据进行探索性因子分析以证明其题项和数据的有效性，首先检查每个指标的构造有效性。本节将继续使用 KMO 参考和 Bartlett 球形统计数据来检验指标的结构有效性。利用

SPSS 的降维分析功能，进行探索性因子分析，其测试结果如表 4.13 所示。从表中的结果可以看出，KMO 值为 0.775，大于检测标准 0.7，Bartlett 球形统计的 P 值为 0，结果显著。

表 4.13 知识转移效果的 KMO 和 Bartlett 球形检验（N=203）

取样足够的 KMO 度量值	0.775	
Bartlett 球形度检验	近似卡方值	226.385
	df	10
	Sig.	0.000

注：根据 SPSS21.0 输出结果整理。

在用 SPSS 对知识转移效果 5 个题项进行降维分析时，勾选的方法是主成分分析，选择特征值大于 1，最大方差法，执行运算后其输出结果如表 4.14 所示。

表 4.14 知识转移效果的探索性因子分析结果（N=203）

测量题项	均值	方差	因子 1
1. 通过与关联企业进行知识转移不会花费我们太多的时间、精力等	3.44	0.912	0.676
2. 通过与关联企业知识转移，员工知识素质得到很大提高	3.77	0.750	0.633
3. 通过使用转移的知识，员工能更好地完成工作	3.73	0.716	0.796
4. 企业经常在工作中使用这些接受的转移知识	3.67	0.735	0.758
5. 我们对与关联企业间知识转移的效果很满意	3.68	0.745	0.696

注：根据 SPSS21.0 输出结果整理（抽取方法：主成分分析法，基于特征值大于 1；旋转方法：最大方差法）。

从表 4.14 中我们可以看出，所有题项的因子负荷值中最小的为 0.633，大于 0.5，而且 5 个题项的因子负荷提取了 1 个公因子，这符合问卷中知识转移效果变量的设定，因而从因子载荷值来看，每个题项都能很好地归因于企业知识转移效果因子。

（3）验证性因子分析。用 AMOS 软件对知识转移效果变量进行题项与变量的结构方程建模，导入变量的数据进行结构方程检验，最终得到模型的路径系数如图 4.2 所示。从图中可以看出，知识转移效果的 5 个题项均能够有效地反映知识转移效果的概念。

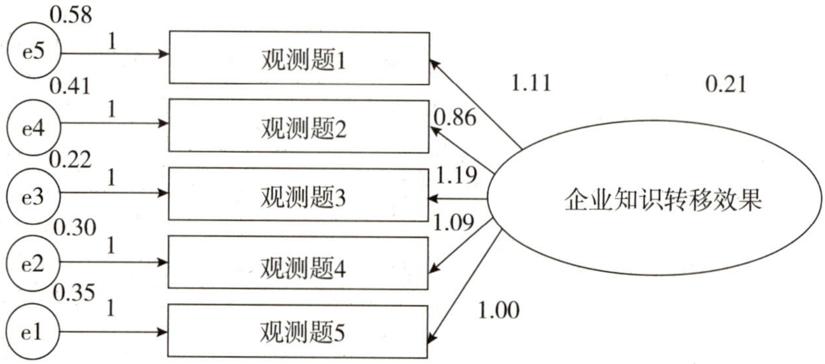

图 4.2　知识转移效果验证性因子分析运算结果

注：根据 Amos24.0 输出结果整理。

4.3.2　中介变量的量表设计与测量

4.3.2.1　中介变量的量表设计

转移知识的意愿是指知识所有者愿意与他人分享自己的知识资源以及知识的接收者愿意从他人那里吸收知识和经验的程度。在本书中，转移知识的意愿主要是指与网络群体中建立知识转移关系的目标组织是否愿意与原子企业分享知识资源的程度，以及知识接收方（原子企业）是否愿意吸收知识出让方的知识和经验。根据 Lanee 和 Lubatkin（1998）、Dixon（2000）、Cummings 和 Teng（2003）的研究，并参考相关的研究量表，本节设计了四个题项来衡量知识转移的意愿。

表 4.15　知识转移意愿的预设量表

题项	依据或来源
知识转移意愿 1. 我们愿意将自己的工作经验和隐性知识告诉关联企业 2. 我们相信关联企业越使用我们的知识，对我们越有好处 3. 我们愿意告诉关联企业我们要解决的问题和所需的知识 4. 我们愿意接收关联企业传递的知识、经验	Lane 和 Lubatkin（1998）、Dixon（2000）、Cummings 和 Teng（2003）

注：笔者归纳整理。

4.3.2.2　中介变量各题项的测量与检验。

（1）信度检验。将问卷数据中知识转移意愿的 4 个题项的数据用 SPSS 做信度分析，输出结果如表 4.16 所示。

表 4.16　知识转移意愿的信度检验（N=203）

测量题项	CITC	Alpha if item deleted	Cronbach's α
1. 我们愿意将自己的工作经验和隐性知识告诉关联企业	0.441	0.676	0.706
2. 我们相信关联企业越使用我们的知识，对我们越有好处	0.552	0.604	
3. 我们愿意告诉关联企业我们要解决的问题和所需的知识	0.554	0.603	
4. 我们愿意接收关联企业传递的知识、经验	0.424	0.681	

从表 4.16 中我们可以看出，4 个题项中所有项目的总相关系数（CITC）都大于 0.35。同时，变量的内部一致性指数，即 Cronbach's α 系数为 0.706 超过 0.7，符合规定。观察每个题项删除后的 Cronbach's α 系数的值是否小于原 Cronbach's α 系数，小于则表明删除该题项后会导致变量的 Cronbach's α 系数变小，因此不能进行删除。5 个题项删除后的 Cronbach's α 系数均小于原 Cronbach's α 系数值。因此，综合所有观测指标，知识转移意愿的题项和数据一致性检验通过。

（2）探索性因子分析。

对知识转移意愿的数据进行探索性因子分析以证明其题项和数据的有效性，首先检查每个指标的构造有效性。本节将继续使用 KMO 参考和 Bartlett 球形统计数据来检验指标的结构有效性。利用 SPSS 的降维分析功能，进行探索性因子分析，其测试结果如表 4.17 所示。从表中的结果可以看出，KMO 值为 0.705，大于检测标准 0.7，Bartlett 球形统计的 P 值为 0，结果显著。

表 4.17　知识转移意愿的 KMO 和 Bartlett 球形检验（N=203）

取样足够的 KMO 度量值	0.705	
Bartlett 球形度检验	近似卡方值	186.141
	df	6
	Sig.	0.000

注：根据 SPSS21.0 输出结果整理。

在用 SPSS 对知识转移愿意的 4 个题项进行降维分析时，勾选的方法是主成分分析，和选择特征值大于 1，和最大方差法，执行运算后其输出结果如表 4.18 所示。

表 4.18　知识转移意愿的探索性因子分析结果（N=203）

测量题项	均值	方差	因子 1
1. 我们愿意将自己的工作经验和隐性知识告诉关联企业	3.51	0.835	0.681
2. 我们相信关联企业越使用我们的知识，对我们越有好处	3.62	0.784	0.778
3. 我们愿意告诉关联企业我们要解决的问题和所需的知识	3.76	0.779	0.787
4. 我们愿意接收关联企业传递的知识、经验	3.93	0.738	0.668

注：根据 SPSS21.0 输出结果整理（抽取方法：主成分分析法，基于特征值大于 1；旋转方法：最大方差法）。

从表 4.18 中我们可以看出，所有题项的因子负荷值中最小的为 0.668，大于 0.5，而且 4 个题项的因子负荷提取了 1 个公因子，这符合问卷中关于知识转移意愿变量的设定，因而从因子载荷值来看，每个题项都能很好地归因于企业知识转移意愿因子。

（3）验证性因子分析。用 AMOS 软件对知识转移意愿变量进行题项与变量的结构方程建模，导入变量的数据进行结构方程检验，最终得出模型的路径系数如图 4.3 所示。从图中可以看出，知识转移意愿的 4 个题项均能够有效地反映知识转移意愿的概念。

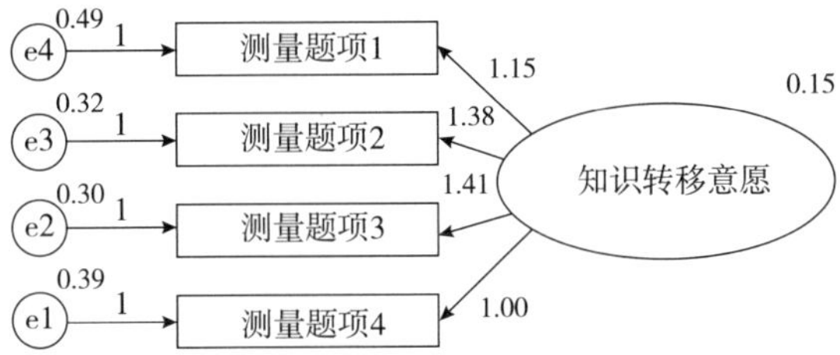

图 4.3　知识转移意愿验证性因子分析运算结果

资料来源：根据 Amos24.0 输出结果 1。

4.3.3　调节变量的量表设计与测量

4.3.3.1　调节变量的量表设计

本书根据 Moller 和 Halinen（1999）和任胜刚（2010）有关企业网络能力的研究成果，对企业网络能力的各种内涵进行辨析，从它的 4 个功能内涵中提取出能够准确描述其内涵的表述，对它的预测、选择合作伙伴、维持关系和占位能力进行了问项表述，结合实际情况，编制了适用于本书的企业网络能力的测量题项，如表 4.19 所示。

表 4.19　企业网络能力的预设量表

题项	依据或来源
企业网络能力 1. 我们具有很强的预测网络发展和演化方向的能力 2. 我们具有很强的发现、评估和选择合作伙伴的能力 3. 我们具有很强的与合作伙伴间维持良好、稳定关系的能力 4. 我们具有很强的占据合作关系网络中心位置的能力	Moller 和 Halinen（1999）、任胜刚（2010）

注：笔者归纳整理。

4.3.3.2　调节变量各问项的测量和检验

（1）信度检验。将问卷中企业网络能力 4 个题项的数据用 SPSS 做信度分析，输出结果如表 4.20 所示。

表 4.20　企业网络能力的信度检验（N=203）

测量题项	CITC	Alpha if item deleted	Cronbach's α
1. 我们具有很强的预测网络发展和演化方向的能力	0.551	0.742	0.778
2. 我们具有很强的发现、评估和选择合作伙伴的能力	0.653	0.689	
3. 我们具有很强的与合作伙伴之间维持良好、稳定关系的能力	0.623	0.705	
4. 我们具有很强的占据合作关系网络中心位置的能力	0.511	0.761	

注：根据 SPSS21.0 输出结果整理。

从表 4.20 可以看出，4 个题项中所有项目的总相关系数（CITC）都大于 0.35。同时，变量的内部一致性指数，即 Cronbach's α 系数为 0.778 超过 0.7，符合规定。观察每个题项删除后的 Cronbach's α 系数的值是否小于原 Cronbach's α 系数，小于则表明删除该题项后会导致变量的 Cronbach's α 系数变小，因此不能进行删除。5 个题项删除后的 Cronbach's α 系数均小于原

Cronbach's α 系数值。因此，综合所有观测指标，企业网络能力的题项和数据一致性检验通过。

（2）探索性因子分析。对企业网络能力的数据进行探索性因子分析以证明其题项和数据的有效性，首先检查每个指标的构造有效性。本节将继续使用 KMO 参考和 Bartlett 球形统计数据来检验指标的结构有效性。利用 SPSS 的降维分析功能，进行探索性因子分析，其测试结果如表 4.21 所示。从表中的结果可以看出，KMO 值为 0.701，大于检测标准 0.7，Bartlett 球形统计的 P 值为 0，结果显著。

表 4.21　企业网络能力的 KMO 和 Bartlett 球形检验（N=203）

取样足够的 KMO 度量值	0.701	
Bartlett 球形度检验	近似卡方值	253.626
	df	6
	Sig.	0.000

注：根据 SPSS21.0 输出结果整理。

在用 SPSS 对企业网络能力的 4 个题项进行降维分析时，勾选的方法是主成分分析，和选择特征值大于 1，和最大方差法，执行运算后其输出结果如表 4.22 所示。从表 4.22 中可以看出，所有题项的因子负荷值中最小的为 0.712，大于 0.5，而且 4 个题项的因子负荷提取了 1 个公因子，这符合问卷中关于企业网络能力变量的设定，因而从因子载荷值来看，每个题项都能很好地归因于企业网络能力因子。

表 4.22　企业网络能力的探索性因子分析结果（N=203）

测量题项	均值	方差	因子 1
1. 我们具有很强的预测网络发展和演化方向的能力	3.49	0.875	0.748
2. 我们具有很强的发现、评估和选择合作伙伴的能力	3.52	0.822	0.832

续表

测量题项	均值	方差	因子 1
3. 我们具有很强的与合作伙伴间维持良好、稳定关系的能力	3.69	0.807	0.811
4. 我们具有很强的占据合作关系网络中心位置的能力	3.53	0.846	0.712

注：根据 SPSS21.0 输出结果整理（抽取方法：主成分分析法，基于特征值大于 1；旋转方法：最大方差法）。

（3）验证性因子分析。用 AMOS 软件对企业网络能力变量进行题项与变量的结构方程建模，导入变量的数据进行结构方程检验，最终得出模型的路径系数如图 4.4 所示。从图中可以看出，企业网络能力的 4 个题项均能够有效地反映企业网络能力的概念。

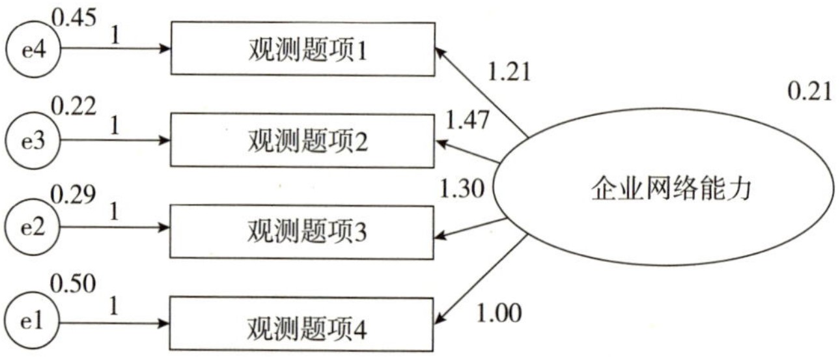

图 4.4　企业网络能力验证性因子分析运算结果

注：根据 Amos24.0 输出结果整理。

根据本章前面关于企业关系资本、知识转移意愿、企业网络能力和企业知识转移效果这 4 个变量的变量测量分析检验，结果证明它们具有较高的可靠性，有效性检验结果通过。因此，本书将利用该调查问卷得出的调查数据，对本书中的理论模型和对本书提出的假设进行检验。

4.3.4 控制变量的量表设计

控制变量主要的功能是对除了自变量和调节变量对因变量的影响之外的其他可能会对研究结果造成不良影响的因素进行控制，这些因素可能包含社会人口学的因素，也可能包含不是针对研究对象的影响因素。对这些因素的控制主要包括尽量控制其能够直接指向研究的对象，把不在研究范围内的对象排除，也包括对研究对象的代表性进行控制，使调查对象能够具有典型的代表意义，使得研究结论具有代表性和科学性。由于本书主要关注企业关系资本对企业知识转移效果的影响，因此控制变量主要是对被调查企业的特征进行控制，例如企业所在的行业、企业的所有权性质、企业的规模、企业的年龄等，这些因素也会影响企业的知识转移效果，而这些因素也是企业管理研究中主要的控制变量。

企业对产品和技术的更新程度不同，则其对知识的需求和对创新的要求程度也不相同。例如，高科技产业和传统产业对知识的需求不可避免地存在差异。一般来说，高科技产业对知识更新的要求更高。传统行业的技术相对成熟，对创新的需求相对高新企业不是很强。即使高科技产业中不同行业的企业，其行业细分也有不同的创新需求，这些都需要加以控制。企业的权属因素也会对企业的知识转移产生影响，需要进行控制。一般来说，在中国情景下，公有控股企业可以得到国家各方面的更多支持，资源相对丰富。集体所有的公司拥有的资源比他们少得多。私人和私营控股企业其自身的实力受到企业所有权单一元素的影响，在资金来源和资源来源多渠道方面存在局限。外商独资企业和中外合资企业的资源和资源类型与中国自身的企业也不同。这些因素都需要综合考虑，并进行控制。

大量研究表明，企业的规模大小可以用在职人员的数量来衡量，也会对企业进行组织内和组织外的社交活动产生影响（Nadler and Tushman，1988）。一般来说，大型企业往往拥有更多的内外部资源来提高他们的知识创新能力。他们通常比小企业具有更多的筹码来进行企业活动，他们在获得对外关系方面也有更大的优势。他们的知识创新活动也更频繁。在现有的研究中，有两种方法可以衡量企业的规模大小：一种是使用在职员工人数的总规模；另一种是根据具体标准使用虚拟变量的形式将企业划分为大、中、小三种类型。本书使用企业在职员工人数作为衡量企业规模的标准。

同样，公司的年龄将对公司的知识转移效应产生重大影响。总的来说，正如人的成长一样，企业的创立时间越长，其更可能会在长期的生产活动经验中形成企业的核心知识资源，并保持行业领先的技术创新水平，其对外部知识的依赖性会逐渐减缓。基于此，本书除了对一些基本的人口学的因素进行控制外，还主要控制 4 个变量：企业行业属性、企业所有权性质、企业规模和企业年龄。

4.4 本章小结

本章主要完成了本书的第一个创新点，即开发和检验了适合中国情景的高新技术企业关系资本测量量表。对每一个研究变量均进行了全面严谨的量表测量，从选择成熟的典型问题开发初始变量量表，到小样本的数据收集和检验分析，删除不符合检验标准的问卷题项。本章还对变量进行了信度和效度的检验，且对每个变量构建结果方程模型，并对其模型进行检验，双重检验以保障问卷数据的有效性，对控制变量的设置也做了说明，对有可能影响研究结论的因素进行控制。这些为第 5 章开展本书的理论模型检验和假设关系检验做好了科学的铺垫。

5 企业关系资本对知识转移效果的实证分析

本章是承上启下章，由于第 4 章已经对各核心变量的数据进行了探索性因子分析和验证性因子分析，确保了每个变量的数据的合理性，本章首先是用描述性统计分析的方法处理回收的数据样本，对各个变量的最大值、最小值、均值和方差等特征值及其数据分布的合理性进行说明；其次是对第三章中的理论模型和关系假设进行实证检验。对调查数据的总体分析主要从两个方面来进行：一是对问卷中的控制变量进行统计分析，以观察样本企业的各属性分布是否合理，能否充分反映本书的调查对象并对每个主要变量进行描述性统计分析，形成总体调查数据的平均值和特征值的描述；二是对主要变量的样本数据进行本书模型的主效应分析及中介效应、调节效应分析，具体是采用 AMOS 软件构建相关变量的结构方程模型验证，用 SPSS 软件进行中介效应分析，以此完成对本书的理论框架和假设关系检验。

5.1 描述性统计分析

本书共收集了 203 份有效问卷，根据问卷数据，先是对控制变量涵盖的企业所属的行业类型、企业所有权性质、成立年龄、员工规模、分布地区、受访者在企业中的地位，以及受访者在企业中的工作职位、在职时间进行描述性统计分析，统计其各种属性的调查占比，观测被调查企业特征是否符合本书设定的研究对象的要求及分布是否合理，是否具有对整体对象的代表性；其次是对本书主要变量利用 SPSS 软件统计其取值的最大值、最小值，及平均值，通过每个题项的标准差查看其数据的分布性，为进一步的研究进行铺垫。

5.1.1 企业的所属行业情况分析

对 203 个样本企业所属的行业进行描述统计分析，结果如表 5.1 所示。

表 5.1 样本企业所属行业情况（N=203）

行业	样本数	占总数百分比（%）	累计百分比（%）
电子信息行业	36	17.73	17.73
通信行业	37	18.23	35.96
软件行业	67	33.00	68.96
化学医药行业	24	11.82	80.78
新能源	10	4.93	85.71
石化类	29	14.29	100

注：根据 SPSS21.0 输出结果整理。

从表 5.1 中我们可以看出，调查的企业所属行业主要有电子信息行业、软件行业等，这些都在国家规定的高新企业范围内，各个行业的占比也各有不同，最多的是软件行业，占比为 33%，最低的为新能源行业，占比为 4.93%。从总体上看，样本数据符合对企业行业的要求。

5.1.2 企业的所有制性质情况分析

根据问卷数据，对样本企业的企业所有制进行描述统计分析，结果如表 5.2 所示。

表 5.2 样本企业所有制情况（N=203）

所有制类型	样本数	占总数百分比（%）	累计百分比（%）
公有及国有控股	42	20.7	20.7
集体企业	12	5.9	26.6
民营及民营控股	62	30.5	57.1
外商独资企业	12	5.9	63.1
中国与其他国家合资企业	7	3.4	66.5
其他	68	33.5	100

从表 5.2 中我们可以看出，调查企业的所有制的几种类型都各有分布，占比也各有不同，最多的是其他，占比为 33.5%；其次是民营及民营控股占 30.5%；最少的为中国与其他国家合资企业，占比为 3.4%。从总体上看，企业所有制分布合理。

5.1.3 企业的规模情况分析

对调查企业的规模大小进行描述统计分析，结果如表 5.3 所示。

表 5.3 样本企业的规模情况（N=203）

人数	样本数	占总数百分比（%）	累计百分比（%）
50 人以下	51	25.1	25.1
51~100 人	29	14.3	39.4
101~200 人	16	7.9	47.3
201~500 人	36	17.7	65
501~1000 人	24	11.8	76.8
1000 人以上	47	23.2	100

注：根据 SPSS21.0 输出结果整理。

从表 5.3 中我们可以看出，调查企业的规模大小的几种类型都各有分布，占比也各有不同，其中样本数最多的是企业规模为 50 人以下，占比为 25.1%；其次是规模为 1000 人以上，占比为 23.2%；样本数最少的是规模为 101~200 人，占比为 7.9%。从总体上看，企业规模大小分布合理。

5.1.4 企业的所在地区情况分析

对调查企业所在的地区进行描述统计分析，结果如表 5.4 所示。

表 5.4 样本企业的所在地区情况（N=203）

中国地区	样本数	占总数百分比（%）	累计百分比（%）
天津	16	7.88	7.88
北京	16	7.88	15.76
河北	20	9.85	25.61
上海	20	9.85	35.46
广东	25	12.32	47.78
广西	106	52.22	100

注：根据 SPSS21.0 输出结果整理。

从表 5.4 中我们可以看出，调查企业的地区主要分布在中国的各个区域，其中样本数最多的分别是广西壮族自治区、广东省和上海市，主要分布在中国沿海经济发达地区。这也是高新技术企业的主要分布地区，符合研究的需要。

5.1.5 研究变量的描述性统计

5.1.5.1 知识转移效果

知识转移效果变量的描述性统计情况如表 5.5 所示。

表 5.5　知识转移效果题项的描述性统计（N=203）

题项	最小值	最大值	均值	方差
D1. 通过与关联企业进行知识转移不会花费我们太多的时间、精力等	1	5	3.44	0.912
D2. 通过与关联企业知识转移，员工知识素质得到很大提高	1	5	3.77	0.75
D3. 通过使用转移的知识，员工能更好地完成工作	1	5	3.73	0.716
D4. 企业经常在工作中使用这些接受的转移知识	1	5	3.67	0.735
D5. 我们对与关联企业间知识转移的效果很满意	1	5	3.68	0.745

注：根据 SPSS21.0 输出结果整理。

从表 5.5 中可以看出，知识转移效果的各个题项均值在 2.5 以上，效果良好。

5.1.5.2　企业关系资本

企业关系资本变量的描述性统计情况如表 5.6 所示。

表 5.6　企业关系资本题项的描述性统计（N=203）

题项	最小值	最大值	均值	方差
AA1. 信任关联企业可以很好地履行其责任	1	5	3.64	0.741
AA2. 信赖关联企业的技术专业程度	1	5	3.69	0.743
AA3. 信赖关联企业不会泄露我们的机密	1	5	3.36	0.919
AA4. 信赖关联企业所提供信息的准确性	1	5	3.61	0.745
AB1. 承诺与关联企业的合作遵守互惠互利的原则	1	5	3.79	0.738
AB2. 与关联企业致力于保持长久的合作关系	1	5	3.86	0.725
AB3. 会信守对关联企业的承诺	1	5	3.94	0.794
AC1. 为维护关系，我们投入了大量的时间和精力	1	5	3.79	0.861
AC2. 为维护关系，我们在土地、设备等有形资产方面进行了专门投资	1	5	3.71	0.737
AC3. 为维护关系，我们在人员、技术等无形资产方面进行了专门投资	1	5	3.72	0.779

续表

题项	最小值	最大值	均值	方差
AC4. 我们进行了与关联企业管理者、员工的私人关系投资	1	5	3.61	0.81
AD1. 与关联企业间存在解决合作冲突的方法或惯例	1	5	3.7	0.725
AD2. 我们与关联企业能够监控和预防合作中的潜在冲突	1	5	3.67	0.761
AD3. 当冲突发生时，我们与关联企业共同努力解决问题	1	5	3.9	0.786
AD4. 当冲突发生时，双方高管都参与冲突的解决	1	5	3.7	0.846
AE1. 我们与关联企业无保留地与对方分享重要信息	1	5	3.21	1.067
AE2. 我们与关联企业能够准确理解对方发出的信息	1	5	3.49	0.817
AE3. 我们与关联企业能够保障所传递信息的准确性	1	5	3.66	0.77
AF1. 我们与关联企业有共同的、可共享的目标	1	5	3.81	0.799
AF2. 我们与关联企业能够根据目标共同制订行动规划	1	5	3.74	0.779
AF3. 我们与关联企业能够进行共同决策	1	5	3.67	0.767
AF4. 面对问题时，我们与关联企业能够共同求解	1	5	3.77	0.745

资料来源：根据 SPSS21.0 输出结果整理。

从表 5.6 中可以看出，企业关系资本各个维度及题项的最大值为 5，最小值为 1，均值在 2.5 以上，各题项方差值也较接近，表明其数据的离散程度较低。

5.1.5.3 知识转移意愿

表 5.7 知识转移意愿题项的描述性统计（N=203）

题项	最小值	最大值	均值	方差
B1. 我们愿意将自己的工作经验和隐性知识告诉关联企业	1	5	3.51	0.835
B2. 我们相信关联企业越使用我们的知识，对我们越有好处	1	5	3.62	0.784
B3. 我们愿意告诉关联企业我们要解决的问题和所需的知识	1	5	3.76	0.779
B4. 我们愿意接收关联企业传递的知识、经验	1	5	3.93	0.738

资料来源：根据 SPSS21.0 输出结果整理。

从表 5.7 中可以看出，知识转移意愿各个题项的最大值为 5，最小值为 1，均值在 2.5 以上，各题项方差值也较接近，表明其数据的离散程度较低。

5.1.5.4 企业网络能力

表 5.8 企业网络能力题项的描述性统计（N=203）

题项	最小值	最大值	均值	方差
C1. 我们具有很强的预测网络发展和演化方向的能力	1	5	3.49	0.875
C2. 我们具有很强的发现、评估和选择合作伙伴的能力	1	5	3.52	0.822
C3. 我们有很强的与合作伙伴间维持良好、稳定关系的能力	1	5	3.69	0.807
C4. 我们具备很强的占据合作关系网络中心位置的能力	1	5	3.53	0.846

资料来源：根据 SPSS21.0 输出结果整理。

从表 5.8 中可以看出，企业网络能力各题项的最大值为 5，最小值为 1，均值在 2.5 以上，各题项方差值也较接近，表明其数据的离散程度较低。

5.2 企业关系资本影响知识转移的主效应检验

在对样本数据进行样本特征描述分析后，接下来将对本书的理论模型框架进行检验。首先对第 3 章提出的企业关系资本、企业网络能力、知识转移意愿和知识转移效果的研究假设模型总体进行拟合评估，然后根据分析结果及修订的指标建议，对本书的检验模型进行调整和修正。最终确定本书的理论模型框架。

5.2.1 初始结构模型拟合

对本书的理论框架进行初步拟合，主要是应用 AMOS 结构方程分析软件，构建企业关系资本对知识转移效果的总体方程模型，再将问卷数据导入软件中，执行模型运算结果，根据运算结果，方程的每条路径的系数和模型的拟合指数汇总如表 5.9 所示。

表 5.9　企业关系资本、知识转移意愿对知识转移效果影响的拟合结果（N=203）

路径	标准化路径系数	P	
信任 →知识转移效果	0.306	**	
承诺 →知识转移效果	0.502	***	
专用性投资 →知识转移效果	0.016	*	
冲突管理 →知识转移效果	0.151	**	
有效沟通 →知识转移效果	0.77	**	
共同行动→知识转移效果	0.485	*	
信任 →知识转移意愿	0.837	*	
承诺 →知识转移意愿	0.451	**	
专用性投资 →知识转移意愿	0.25	***	
冲突管理 →知识转移意愿	0.621		
有效沟通 →知识转移意愿	0.269	***	
共同行动→知识转移意愿	0.172		
知识转移意愿→知识转移效果	0.344	**	
CMIN	868.881	RMSEA	0.075
DF	406	NFI	0.849
CMID/DF	2.140	CFI	0.807

5.2.2　模型分析

从表 5.9 可以看出，表征企业关系资本的各个维度对知识转移意愿和知识转移效果的方程模型的拟合度指数的 CMID/DF 卡方自由度数值为 2.14，在 2~5 的有效范围内，近似误差 RMSEA 值为 0.075，在小于 0.8 的有效范围内。规范拟合指数 NFI 为 0.849，接近于 0.9，CFI 为 0.807，也差不多到了 0.9，参考模型拟合指数各指标范围，可以认为该结构方程模型拟合度较好。在路径系数的指标中，信任至知识转移意愿、信任至知识转移效果等 10 个路径系数均显著相关，有 3 条路径完全显著，4 条路径较为显著，3 条路径一般显著，2 条路径即冲突管理至知识转移意愿和共同行动至知识转移意愿相关系数不显著。因为大部分路径通过检验，可以初步认可该模型的有效性，但由于存在极少数的路径检验不通过，为此，有必要继续进行下一步的模型修正考虑。

5.2.3 模型确定

对研究模型进行修改的意愿在于能够获得更好、拟合度更优秀的模型结构，当出现模型拟合度比较差的情况时，模型修正就很有必要。模型拟合度差的原因大致有两个：一是模型本身的路径设置问题，如果本身的模型关系推导出现问题，那么在进行修正时必须对整个的模型关系进行考虑，甚至回到研究的起点；二是由于样本数据的完善造成的，这类问题需要参考结构方程模型分析结果的模型修改建议，即查看 MI 的值，对 MI 值比较高的路径的变量予以考虑，对模型路径进行增加或者对路径甚至变量进行删除，以达到优化模型拟合度的目的。Amos24.0 给出的修正指数（MI）在数理上指出了哪些路径系数可以增加观测题项，以提升路径系数的显著度（温忠麟等，2005）。但是在参考 MI 值的时候也必须清楚不能一味地按照 MI 值进行模型修改，还需要依据现有的文献分析及相关的支持证据有选择地考虑变量之间的逻辑关系是否成立。

对模型的输出结果中的模型每一个题项的修正值 MI 进行分析查看，发现最大 MI 值是来自自变量的承诺维度的第 10 个问题，其值是 1.99。由于本书在第 4 章中对每个核心变量的量表题项都进行了探索性因子分析和验证性因子分析,充分论证了每个核心变量的题项的有效性,并且最大的 MI 值仅为 1.99，即便进行了修改，对提升整个模型的卡方值和自由度的作用也不大，且依据文献理论推导，对承诺变量进行删减有悖于前人的研究。因此，本书认为没有必要据此而对模型进行校正，方程模型的初始拟合结果可以接受，该模型可以作为确认的理论模型。

因此，依据 5.2.1 所述内容的拟合结果，确定企业关系资本与知识转移意愿和知识转移效果影响机制的结构方程模型的路径解，具体的模型如图 5.1 所示。图中每条路径的线条旁边的数字是回归相关系数，而数字右上角的星号数量则对应其 P 值的不同显著性水平。

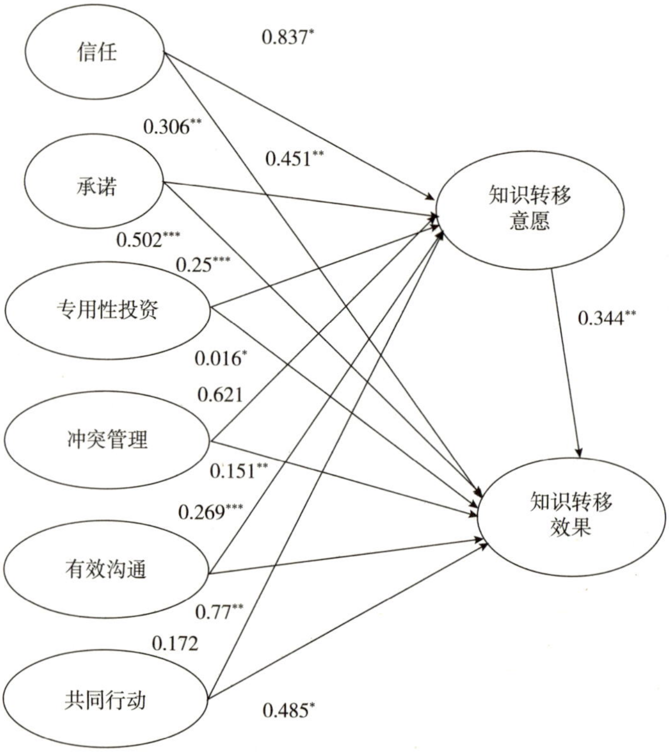

图 5.1 企业关系资本对知识转移影响的结构方程模型

注：*** 表示 $p<0.001$，** 表示 $p<0.01$，* 表示 $p<0.05$。

资料来源：根据 Amos24.0 输出结果整理。

5.3 企业关系资本影响知识转移的中介效应检验

5.3.1 中介作用的检验方法介绍

中介作用在事物之间起到桥梁的作用（Lu Xiefeng，2007），中介变量是介于自变量和因变量之间的黑盒子（Baron and Kenny，1986）。如果把自变量比喻为原因，用 X 这个字母来表示，把因变量比喻成结果，用字母 Y 表示，那么夹在它们之间起到传递作用的变量则称为中介变量，它是自变量的果，是因变量的因，用字母 M 表示。它们之间的逻辑关系如图 5.2 所示。

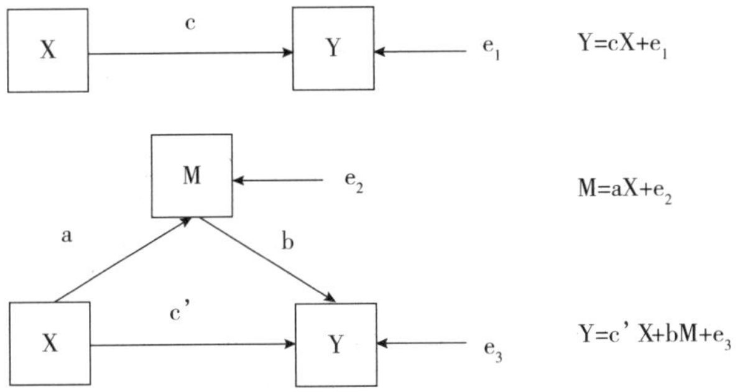

图 5.2　中介变量效应模型

资料来源：温忠麟等（2005）。

温中麟等在提出什么是中介变量并给出中介效应模型的同时，也提出了中介变量检验的详细测试程序和方法。依据图 5.2 中的模型，中介效应测试程序有四个步骤：第一步，首先验证从自变量 X 到因变量 Y 的关系，如果其关系系数 c 存在显著相关，那么证明 X 至 Y 存在逻辑关系，这是中介关系的最基本的关系，如果这个关系不成立，那么证明 X 和 Y 之间没有任何关系，因此也不必再进行它们之间的中介效应分析。第二步，对 M 与 X 和 Y 的关系进行测试，如果 a 和 b 系数两者都是显著的，则进行到第三步骤；如果两者中至少一个不显著，则转移到第四步骤。第三步，将 X 和 M 一起进入因变量的回归方程，即测试系数 c 和 b 的显著性。如果 c 是显著的且系数小于初始对因变量的显著系数，则该模型表示为部分中介效应；否则，如果只有系数 b 显著则该模型显示为完全中介效应。第四步，对模型执行 Sobel 测试，即构建 X 到 M 再到 Y 的结构方程模型。如果它们之间的路径系数显著，则模型显示为部分中介效应；否则，中介效果不显著。

5.3.2 中介作用的检验

5.3.2.1 自变量与因变量的中介检验

按照前面论述的中介效应的检验步骤，第一步是对自变量企业关系资本和因变量知识转移效果进行建模回归分析，运用 SPSS 软件构建线性方程模型，自企业关系资本的各个维度作为回归方程的自变量，知识转移效果作为回归方程的因变量，其输出结果如表 5.10 所示。

表 5.10 企业关系资本对知识转移效果回归分析结果（N=203）

自变量	因变量	回归系数	P 值显著情况
信任	知识转移效果	0.15	*
承诺	知识转移效果	0.13	*
专用性投资	知识转移效果	0.176	*
冲突管理	知识转移效果	0.268	**
有效沟通	知识转移效果	0.405	**
共同行动	知识转移效果	0.276	***

注:*** 表示 $p<0.001$, ** 表示 $p<0.0l$, * 表示 $p<0.05$。

从表 5.10 可以看出，企业关系资本的信任、承诺、专用性投资、冲突管理、有效沟通和共同行动 6 个维度与知识转移效果的相关系数均为正值，且 P 值都小于 0.05，相关系数显著，表明企业知识转移效果可以由自变量企业关系资本的各维度来解释，各潜变量之间具备统计显著性，下面进行第二步骤的中介检验。

5.3.2.2 自变量与中介变量

第二步是将回归方程的因变量设置为知识转移意愿，企业关系资本仍作为自变量进行回归方程分析，输出结果如表 5.11 所示。

表 5.11 企业关系资本对知识转移意愿回归分析结果（N=203）

自变量	中介变量	回归系数	P 值显著情况
信任	知识转移意愿	0.316	***
承诺	知识转移意愿	0.037	
专用性投资	知识转移意愿	0.126	*
冲突管理	知识转移意愿	0.234	***
有效沟通	知识转移意愿	0.305	***
共同行动	知识转移意愿	0.18	**

注:*** 表示 $p<0.001$, ** 表示 $p<0.01$, * 表示 $p<0.05$。

从表 5.11 中我们可以看出，自变量中的信任、专用性投资、冲突管理、有效沟通和共同行动维度与知识转移意愿的回归系数均为正数，且 P 值都小于 0.05，因此它们与中介变量知识转移意愿的回归系数显著，而承诺维度的相关系数不显著，因此针对这个维度需要进行第四个步骤即 Sobel 检验。

5.3.2.3 中介变量与因变量

第三步是将回归方程的因变量设置为知识转移效果，而将中介变量知识转移意愿作为自变量进行回归方程分析，输出结果如表 5.12 所示。

表 5.12 知识转移意愿对知识转移效果回归分析结果（N=203）

中介变量	因变量	回归系数	P 值显著情况
知识转移意愿	知识转移效果	0.545	***

注:*** 表示 $p<0.001$, ** 表示 $p<0.01$, * 表示 $p<0.05$。

资料来源：根据 SPSS21.0 输出结果整理。

从表 5.12 中我们可以看出，知识转移意愿对知识转移效果的回归系数为 0.545 为正数，且 P 值都小于 0.001，它们之间显著相关。

5.3.2.4 中介变量作为自变量进入回归

将中介变量知识转移意愿看作自变量，再次将自变量企业关系资本的各维度和知识转移意愿进入因变量为知识转移效果的回归分析，其输出的结果如表 5.13 所示。

表 5.13 加入中介变量后自变量对因变量回归分析结果（N=203）

自变量	因变量	回归系数	原回归系数	P 值显著情况
信任	知识转移效果	0.142	0.15	*
专用性投资	知识转移效果	0.089	0.176	
冲突管理	知识转移效果	0.101	0.268	
有效沟通	知识转移效果	0.073	0.405	
共同行动	知识转移效果	0.26	0.276	***
知识转移意愿	知识转移效果	0.164	0.545	*

注：*** 表示 $p<0.001$，** 表示 $p<0.01$，* 表示 $p<0.05$。

资料来源：根据 SPSS21.0 输出结果整理。

从表 5.13 中我们可以看出，将知识转移意愿看作自变量后，信任和共同行动 2 个维度与知识转移效果之间的相关性虽然在 $p<0.05$ 的显著水平上依然显著，但相关系数较之最初始回归系数都有明显的减弱趋势。并且专用性投资、冲突管理和有效沟通这 3 个维度在加入知识转移意愿之后与知识转移效果的关系由初始的显著变为不显著。因此，依据前面中介效应的检验步骤和判断标准，除了承诺维度需要进行 Sobel 检验外，其他维度的中介检验可以得到结论：企业关系资本的信任和共同行动 2 个维度与知识转移效果的关系中，知识转移意愿发挥部分中介效应；专用性投资维度、冲突管理和有效沟通 3 个维度与知识转移效果的关系中，知识转移意愿发挥完全中介效应。

5.3.2.5 Sobel 检验

对承诺维度进行 Soble 检验的程序是构建以承诺作为自变量、知识转移意愿作为中介变量、知识转移效果作为因变量的结构方程模型，运用 AMOS 软件对上述结构方程的模型进行检验，得到各路径系数如表 5.14 所示。

表 5.14 承诺、知识转移意愿对知识转移效果的路径系数（N=203）

路径	标准化系数	C.R.	P 值显著性
承诺—知识转移意愿	0.808	5.346	***
知识转移意愿—知识转移效果	0.474	2.304	*
承诺—知识转移效果	0.449	2.160	*

注：*** 表示 $p<0.001$，** 表示 $p<0.01$，* 表示 $p<0.05$。

资料来源：根据 Amos24.0 输出结果整理。

根据表 5.14 的拟合路径系数和显著程度，所有的路径系数均为正数，且路径系数显著，可以得出，承诺维度的 Sobel 检验通过，因此，在承诺维度影响知识转移效果的路径中，知识转移意愿发挥部分中介效应。综合以上分析，本书中知识转移意愿在企业关系资本各维度与知识转移效果的关系中起到了中介效应，具体的中介类型（部分中介或完全中介）如图 5.3 所示。

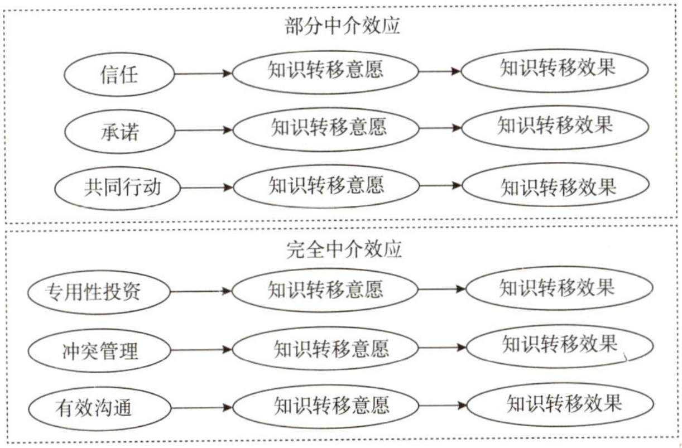

图 5.3 中介效应检验结果汇总

资料来源：笔者绘制。

5.4　企业网络能力的调节作用检验

5.4.1　调节作用的检验方法介绍

James 等（1984）认为，当自变量 X 对因变量 Y 所起的作用受到另外一个变量有规律地干扰时，这个规律干扰的变量 M 称为调节变量，它们之间的函数关系是 Y 是 X 和 M 的二元函数，它们之间的关系可以用图 5.4 来表示，变量 M 主要对变量 X 和 Y 起到调节作用，即 X 对 Y 起作用需要受到 M 的干扰,如果 M 的系数为正数则表明是正向调节,反之则为负向调节。正向调节下，在 X 对 Y 起作用时，M 的值越大，则 X 对 Y 的影响越大。

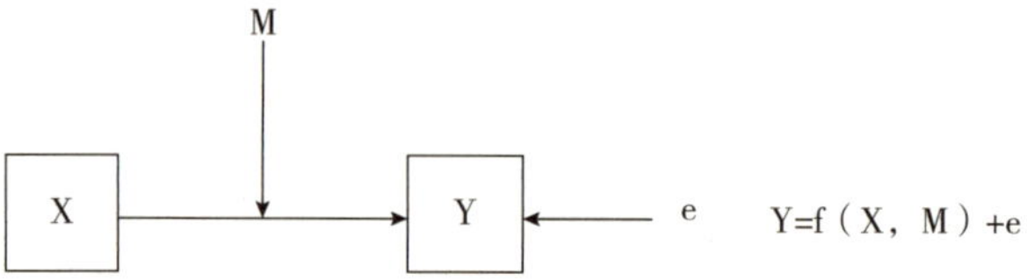

图 5.4　调节效应示意图

对于调节效果的检验，调节作用的检验则应根据所涉及变量的类型运用不同方法来调节（温忠麟等，2005）。调节效应分析根据所涉变量的可观察性分为两类：一是所涉及的变量是可观察的显性变量；二是所涉及的变量，其中至少有一个是无法直接观察到的潜在变量。由于本书涉及的变量是潜在变量，因此，在检验潜变量的调节作用时，学术界出现了几种检验方法。例如，Algina 和 Moulder 提出了一种通常分布的数据的集中式索引方法。Wall 和 Amemiya 提出，如果数据呈正态分布，就可以进行基于广义的索引检验法。但这两种方法使用时对数据的处理要求都比较高，不利于普遍的学者进行实际操作。温忠麟和吴艳（2010）在前人研究的基础上，运用变量之间构造方程式的方法对调节变量进行检验，且该方程对数据的处理要求较低，也没有任何的约束。该方法自发表以来在学术界引起了广泛关注，被大量学者使用。该检验的方程主要是构造因变量 Y 的函数，它是关于自变量 X、调节变量 M 与自变量 X 乘以调节变量 M 的乘积的三元函数，具体方程范式为：Y=r1 × X+r2 × M+R3 × X × M+e，其交互模型如图 5.5 所示，其中 r1 和 r2 代表变量的逻辑效应，r3 代表 X 和 M 变量的相互作用效应，因此互乘交叉生成的变量 X × M 被认为是除变量 X 和 M 之外的第三个潜在变量。但应注意在变量交叉相乘之前，为了避免变量调节效应检验的结果出现多重共线性的影响，对所涉及的自变量和调节变量求其标准化得分值，再利用标准化得分值进行调节检验的运算。

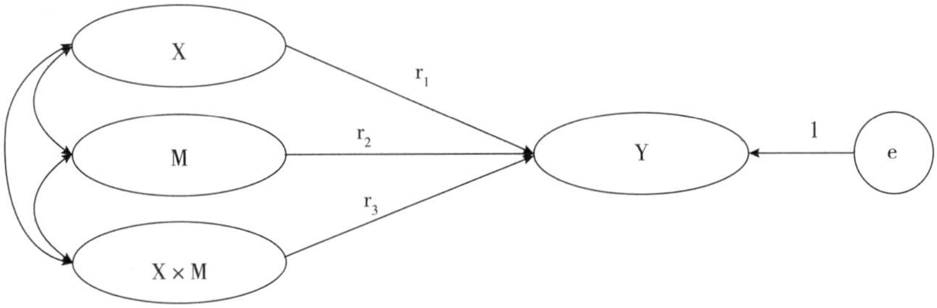

图 5.5 潜变量交互效应模型示意图

资料来源：温忠麟等（2005）。

根据上述调节变量的检验方法，对调节变量为潜变量的调节效果的检验步骤如下：首先，对潜在变量 X 和 M 的所有观察数据进行求标准化得分处理，即求得其特征值并以此作为新的变量。其次，自变量和调节变量的新的数据串之值匹配并相乘，进行匹配相乘时应遵循“大和大配对，小和小配对”的原则，同时生成新的配对数据串作为第三潜在变量 X × M 的观察指标。最后，构造无约束方程模型：Y=R1 × X+r2 × M+r3 × X × M+e，采用结构方程分析法检查系数 r3 的显著性，如果 r3 系数显著，则调节效果显著。

5.4.2 调节作用的检验

5.4.2.1 信任维度至知识转移意愿路径上网络能力的调节作用检验。

首先对信任和知识转移意愿等变量进行求标准化得分，并将其另存为新的变量，这是为了去除数据的共线性影响，对计算标准化得分后生成的新变量进行构建结构方程模型 $Y=r1\times X+r2\times M+R3\times X\times M+e$，使用 AMOS 检验相乘变量的路径系数，输出结果如表 5.15 所示。

表 5.15 网络能力对信任与知识转移意愿关系的调节作用检验结果（N=203）

路径	标准化系数	P	
信任 × 网络能力—知识转移意愿	0.92	0.236	
CMIN	1458.05	RMSEA	0.087
DF	580	NFI	0.93
CMID/DF	2.514	CFI	0.96

资料来源：根据 Amos24.0 输出结果整理。

从表 5.15 可以看出，该调节效应模型拟合指数值中，卡方值为 1458.05，自由度为 580，CMID/DF 值为 2.514，位于 2~5 区间，RMSEA 值为 0.087，小于标准值 0.1，NFI 和 CFI 的值分别为 0.93 和 0.96，均大于指标值有效值 0.9，说明该调节模型的拟合指数较好，但其 P 值为 0.236，大于 0.05 的显著性水平，因此，在信任与知识转移意愿的关系中企业网络能力的调节作用不显著。

5.4.2.2 承诺维度至知识转移意愿路径上网络能力的调节作用检验

检验网络能力在承诺与知识转移意愿关系中的调节作用。根据上面介绍的无约束方程法构建调节效应模型的检验方法，并运用 Amos24.0 软件进行拟合检验，拟合结果及参数值如表 5.16 所示。

表 5.16　网络能力对承诺与知识转移意愿关系的调节作用检验结果（N=203）

路径	标准化系数	P	
承诺 × 网络能力—知识转移意愿	0.9	0.301	
CMIN	1330.07	RMSEA	0.081
DF	550	NFI	0.94
CMID/DF	2.418	CFI	0.91

资料来源：根据 Amos24.0 输出结果整理。

从表 5.16 中我们可以看出，该调节效应模型拟合指数值中，卡方值为 1330.07，自由度为 550，CMID/DF 值为 2.418，位于 2~5 区间，RMSEA 值为 0.081，小于标准值 0.1，NFI 和 CFI 的值分别为 0.94 和 0.91，均大于指标值有效值 0.9，说明该调节模型的拟合指数较好，但其 P 值为 0.301，大于 0.05 的显著性水平，因此，在承诺与知识转移意愿的关系中网络能力的调节作用不显著。

5.4.2.3　专用性投资维度至知识转移意愿路径上网络能力的调节作用检验

检验网络能力在专用性投资与知识转移意愿关系中的调节作用。根据上面介绍的无约束方程法构建调节效应模型的检验方法，并运用 Amos24.0 软件进行拟合检验，拟合结果及参数值如表 5.17 所示。

表 5.17　网络能力对专用性投资与知识转移意愿关系的调节作用检验结果（N=203）

路径	标准化系数	P	
专用性投资 × 网络能力—知识转移意愿	0.85	0.04*	
CMIN	1405.3	RMSEA	0.071
DF	600	NFI	0.93
CMID/DF	2.341	CFI	0.91

资料来源：根据 Amos24.0 输出结果整理。

从表 5.17 中我们可以看出，该调节效应模型拟合指数值中，卡方值为 1405.3，自由度为 600，CMID/DF 值为 2.341，位于 2~5 区间，RMSEA 值为0.071，小于标准值0.1，NFI和CFI的值分别为0.93和0.91，均大于指标值有效值0.9，说明该调节模型的拟合指数较好，其P值为0.04，小于0.05的显著性水平，因此，说明网络能力对专用性投资与知识转移意愿间关系的调节作用显著。

5.4.2.4 冲突管理至知识转移意愿路径上网络能力的调节作用检验

检验网络能力在冲突管理与知识转移意愿关系中的调节作用。根据上面介绍的无约束方程法构建调节效应模型的检验方法，并运用Amos24.0软件进行拟合检验，拟合结果及参数值如表5.18所示。

表5.18 网络能力对冲突管理与知识转移意愿关系的调节作用检验结果（N=203）

路径	标准化系数	P	
冲突管理 × 网络能力—知识转移意愿	0.95	0.002**	
CMIN	1440.53	RMSEA	0.087
DF	580	NFI	0.95
CMID/DF	2.483	CFI	0.91

资料来源：根据Amos24.0输出结果整理。

从表5.18可以看出，该调节效应模型拟合指数值中，卡方值为1440.53，自由度为580，CMID/DF值为2.483，位于2~5区间，RMSEA值为0.087，小于标准值0.1，NFI和CFI的值分别为0.95和0.91，均大于指标值有效值0.9，说明该调节模型的拟合指数较好，其P值为0.002，小于0.05的显著性水平，因此，网络能力对冲突管理与知识转移意愿间的关系发挥显著调节作用。

5.4.2.5 有效沟通至知识转移意愿路径上网络能力的调节作用检验

检验网络能力在有效沟通与知识转移意愿关系中的调节作用。根据上面介绍的无约束方程法构建调节效应模型的检验方法，并运用Amos24.0软件进行拟合检验，拟合结果及参数值如表5.19所示。

表 5.19 网络能力对有效沟通与知识转移意愿关系的调节作用检验结果（N=203）

路径	标准化系数	P	
有效沟通 × 网络能力—知识转移意愿	0.78	0.003**	
CMIN	1530.35	RMSEA	0.056
DF	540	NFI	0.90
CMID/DF	2.833	CFI	0.96

资料来源：根据 Amos24.0 输出结果整理。

从表 5.19 中我们可以看出，该调节效应模型拟合指数值中，卡方值为 1530.35，自由度为 540，CMID/DF 值为 2.833，位于 2~5 区间，RMSEA 值为 0.056，小于标准值 0.1，NFI 和 CFI 的值分别为 0.90 和 0.96，均大于指标值有效值 0.9，说明该调节模型的拟合指数较好，其 P 值为 0.003，小于 0.05 的显著性水平。因此，网络能力对有效沟通与知识转移意愿的关系发挥显著调节作用。

5.4.2.6 共同行动至知识转移意愿路径上网络能力的调节作用检验

检验网络能力在共同行动与知识转移意愿关系中的调节作用。根据上面介绍的无约束方程法构建调节效应模型的检验方法，并运用 Amos24.0 软件进行拟合检验，拟合结果及参数值如表 5.20 所示。

表 5.20 网络能力对共同行动与知识转移意愿关系的调节作用检验结果（N=203）

路径	标准化系数	P	
共同行动 × 网络能力—知识转移意愿	0.91	0.000***	
CMIN	1640.38	RMSEA	0.083
DF	520	NFI	0.91
CMID/DF	3.143	CFI	0.93

资料来源：根据 Amos24.0 输出结果整理。

根据表 5.20 的数据，该调节效应模型拟合指数值中，卡方值为 1640.38，自由度为 520，CMID/DF 值为 3.143，位于 2~5 区间，RMSEA 值为 0.083，小于标准值 0.1，NFI 和 CFI 的值分别为 0.91 和 0.93，均大于指标值有效值 0.9，说明该调节模型的拟合指数较好，其 P 值为 0.000，小于 0.05 的显著性水平。因此，网络能力对共同行动与知识转移意愿关系的调节作用显著。

5.5 结果分析

本章首先依据 203 个样本数据对各个研究变量进行了描述性统计分析，分析结果显示，调查企业所属的行业均为高新技术行业，企业分布的地区也在中国沿海经济发达地区，企业的规模大小和所有制分布合理，其他研究变量的描述性统计数值也合理。其次，运用结构方程建模方法对本书的理论框架进行模型验证。再次，运用中介效应检验方法（温忠麟，2005）对模型中的中介效应进行回归分析验证。最后，运用调节效应验证方法，将自变量与调节变量进行交互，构建交互验证模型，使用 AMOS24 进行模型路径系数验证，对模型中的调节变量进行验证。通过这些检验方式，最终得到本书的理论模型及其路径系数，如图 5.6 所示。

从图 5.6 中可以看出，第一，自变量企业关系资本 6 个维度对因变量知识转移效果的相关系数全部为正数且显著相关，它们的相关系数分别为：信任—知识转移效果 0.15，承诺—知识转移效果 0.13，专用性投资—知识转移效果 0.176，冲突管理—知识转移效果 0.268，有效沟通—知识转移效果 0.405，共同行动—知识转移效果 0.276，企业关系资本的 6 个维度均对知识转移效果具有积极正向的影响且显著相关，因此假设 H1~H6 通过了检验。第二，中介变量知识转移意愿对因变量知识转移效果的回归相关系数为 0.545，在 0.001 水平上显著相关，也就是说，知识转移意愿对知识转移效果具有积极正向的影响，假设 H7 通过实证分析验证。

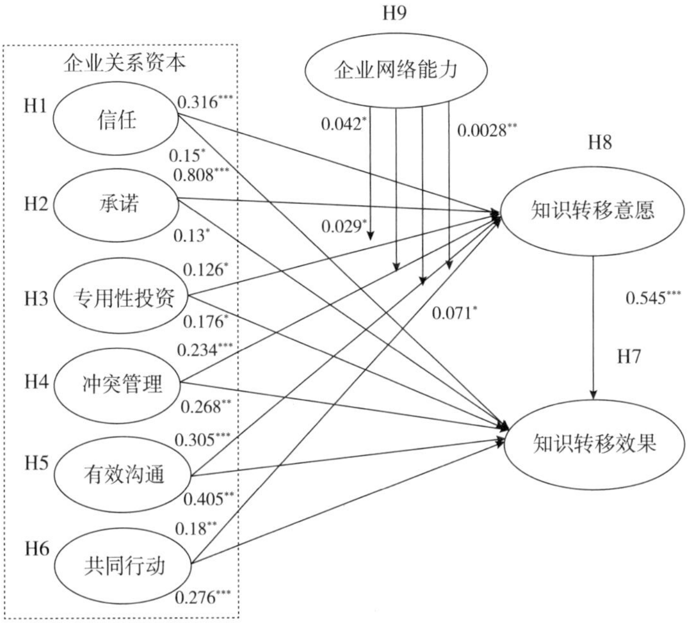

图 5.6　本书经检验后的理论研究框架

注:*** 表示 p<0.001, ** 表示 p<0.0l, * 表示 p<0.05。

本章 5.3 小节是对企业关系资本影响知识转移的中介效应的检验。在假设 H1 至 H7 成立的基础上，将企业关系资本的 6 个维度与知识转移意愿做回归分析，除承诺维度外，其余 5 个维度均存在显著相关性。根据中介检验的流程，将中介变量知识转移意愿与自变量企业关系资本一同对知识转移效果进行回归分析，从结果可以看出，信任和共同行动 2 个维度与知识转移效果之间的相关性在 $p<0.05$ 的显著水平上依然显著，但相关系数较之最初始回归系数都有减弱趋势（信任对知识转移效果的显著相关系数由初始的 0.15 下降为 0.142，共同行动对知识转移效果的显著性相关系数由 0.276 下降为 0.26）。因此，在企业关系资本的信任和共同行动 2 个维度与知识转移效果的关系中，知识转移意愿发挥部分中介效应，假设 H8a 和 H8f 得证。同时，专用性投资、冲突管理和有效沟通这 3 个维度在加入知识转移意愿变量之后它们与知识转移效果的关系由初始的显著变为不显著。因此，在专用性投资、冲突管理和有

效沟通 3 个维度与知识转移效果的关系中，知识转移意愿发挥完全中介效应，假设 H8c、H8d 和 H8e 得证。在对承诺维度进行 Sobel 检验后，其构建的路径结构方程模型显著，因此，H8b 得到验证。

本章 5.4 小节是对企业网络能力对企业关系资本和知识转移意愿的调节效应进行检验，根据自变量与调节变量交互项对中介变量的路径系数显著性检验，企业关系资本的信任维度与企业网络能力的交互项和承诺维度与企业网络能力的交互项对知识转移意愿的路径系数不显著，说明企业网络能力在信任、承诺对知识转移意愿之间的关系上没有显著的调节作用。可能的原因是，企业网络能力的审视预判、创建网络、关系优化和占位能力会增加企业与其他组织关系的不确定性，而企业本身的信任和承诺情感因素具有针对某特定对象产生的非理性的强烈的认同情感，基于这种情感，伙伴企业之间的信任和承诺不会因企业所处网络环境关系的改变而轻易改变。因此，企业网络能力并不能对企业关系资本中的情感维度信任和承诺对知识转移意愿的影响进行调节，即 H9a 和 H9b 不获得验证。专用性投资和企业网络能力交互项、冲突管理和企业网络能力交互项、有效沟通和企业网络能力交互项、共同行动和企业网络能力交互项对知识转移意愿的路径回归系数都表现出正向显著性相关水平，说明企业的网络能力在企业关系资本的专用性投资、冲突管理、有效沟通和共同行动维度和知识转移意愿之间起到调节作用，即假设 H9c、H9d、H9e 和 H9f 均得到验证。

5.6 本章小结

本章首先对第 4 章中的问卷调查所收集的 203 个样本数据进行了描述性统计分析，各个研究变量的特征值分布均较为合理。其次，针对本书的企业关系资本对知识转移影响的理论框架，通过构建结构方程模型，进行了模型检验和分析，确认了最终的理论框架。采用回归方程分析方法对知识转移意愿的中介效应进行了检验，并获得实证检验通过。再次，运用结构方程检验调节变量企业网络能力和企业关系资本各个维度的交互项对中介变量的路径系数进行检验，其大部分的调节假设效应得到验证。最后，对本章的所有假设检验结果进行了总体的分析。

6 研究结论和展望

本章是对前面章节所进行研究的总结。本书在前人文献分析的基础上，推导出了企业关系资本、企业网络能力、知识转移意愿与知识转移效果之间关系的理论框架和变量间的假设关系。然后通过收集具有代表性的数据，运用科学的实证统计分析工具，探讨和检验理论框架的影响路径和内部机理。本书主要研究了企业关系资本对知识转移效果的影响与知识转移意愿的中介路径，以及不同企业网络能力对它们之间关系的影响，得出重要的研究结论。

6.1 实证结果讨论

6.1.1 企业关系资本与知识转移的理论框架得到实证验证

在第5章中，我们采用多种实证研究方法来检验企业关系资本、网络能力和知识转移意愿与知识转移效果之间的理论关系假设。实证分析的结果表明，企业关系资本各维度与知识转移效果之间存在中介变量——知识转移意愿，所有这些都得到了实证支持，且呈现出显著的正相关关系。即随着特定企业群体网络中其他组织成员与原子企业之间的信任和承诺等情感因素的深化（原子企业的关系资本质量变高），其余关联组织间的学习和知识共享等行为变得越来越顺畅，与目标组织进行知识转移的效果越来越好；而有效管理冲突可以润滑双边关系，与此同时，随着双方特殊投资的增加和联合行动的增加，各组织之间的知识转移和分享水平也得到提高。这些理论分析都得到了来自数据实证分析的验证，H1~H6 得证。假设 7 提出了知识转移意愿和知识转移效果之间的关系，并通过了模型检验。企业关系资本是资源，但其本身无法直接创造知识绩效，需要经过参与知识转移的人的主观能动性去驱动产生知识转移的具体行为，方有可能产生知识转移效果乃至产生企业绩效。因此，知识转移意愿是企业关系资本对知识转移效果作用的中介变量符合逻辑性，也得到了数据实证检验。假设 8 提出的知识转移意愿在所涉及的六个子假设即企业关系资本 6 个维度与知识转移效果之间的关系中起到中介作用的假设都由模型验证。实证结果表明，具体投资、冲突管理与有效沟通维度均可以增加原子企业的关系资本，而优质的企业关系资本会使得进行知识转移的双方在主观能动性上更加愿意去促成知识转移的过程，创造良好的知识转移效果，因此知识转移意愿在它们之间的关系中起着充分的中介作用符合客观事实，也得到了实证验证。

6.1.2 企业网络能力的调节作用得到实证验证

H9 企业网络能力对企业关系资本和知识转移意愿的影响中所包含的 6 个维度子假设中有 4 个得到了实证检验，且其调节系数为正值。这表明，企业网络能力在企业关系资本与知识转移意愿之间起着积极的调节作用。实证结果表明，支持 H9c、H9d、H9e 和 H9f 的假设，在企业关系资本中的专项投资、冲突管理、有效沟通、共同行动维度和知识转移意愿之间，企业网络能力起到了正向调节作用。这与之前的理论推导不谋而合，即企业网络能力越强，企业越是能通过网络能力中的网络情况审视预判、关系优化、创建网络关系和网络占位能力来调节关系资本对知识转移意愿的影响。假设 9a 和 9b 所代表的信任和承诺维度未得到调节的实证检验，表明原子企业网络能力的强弱对于原子企业与知识转移方的信任和承诺与它们的知识转移意愿之间的关系无作用。据此，本书认为，可能的原因是：企业网络能力的审视预判、创建网络、关系优化和占位能力会增加企业与其他组织关系的不确定性，而企业本身的信任和承诺情感因素具有针对某特定对象产生的非理性的强烈的认同情感，基于这种情感，伙伴企业之间的信任和承诺不会因企业所处网络环境关系的改变而轻易改变，因此，企业网络能力并不能对企业关系资本中的情感维度信任和承诺对知识转移意愿的影响进行调节。实证结果表明，企业网络能力的调节在这两个维度和知识转移意愿之间并不显著，但是在专用投资、冲突管理、有效沟通和共同行动与知识转移意愿的关系中起到了调节作用。

6.2 本书的研究结论

6.2.1 开发并验证了中国高新企业关系资本的测量量表

前人对企业关系资本的研究虽然在逐渐深入，但至今对于企业关系资本的计量方式尚未形成统一的认识。本书主要分析和参考了 Kale 等（2000）、Sarkar 等（2001）、Dyer（2000）、DeClercq 和 Sapienza（2006）、Wu 和 Cavusgil（2006）以及 Inkpen Andrew 等（2011）等对企业关系资本的维度划分，在前人研究的成熟量表的基础上，设计了主要包含信任、承诺、专用性投资、冲突管理、有效沟通和共同行动六个维度的 24 道题项来对企业关系资本进行测量，并对收集的数据进行探索性因子分析和验证性因素分析，依据分析结果对相关题项进行了删改。最终形成了包含 6 个维度 22 道题项的适合测量中国高新企业的关系资本量表，为中国高新企业关系资本变量的测量研究提供了理论和实证研究支持。

6.2.2 探明企业关系资本影响知识转移效果的路径机理

本书通过构建企业关系资本、网络能力、知识转移意愿与知识转移效果关系模型，通过中型样本数据研究及运用统计检验方法，研究发现，企业关系资本可以促进组织间的知识转移效果。高质量的关系资本可帮助企业实现跨组织的知识转移。原子企业的高关系资本意味着其他组织对它的信任等情感因素更高，企业可以通过其高沟通效率，实现高质量的互动；通过其较强的冲突管理能力及时解决现实生活中或潜在的问题冲突；通过其拥有合作伙伴的高质量的双向专项投资共同建设专用设备；通过其频繁的共同行动部署战略行动加强战略亲密度。在这种关系资本的产生和丰富的过程中，实现原子企业与其网络群体组织间的相互学习，提升知识转移效果。根据实证检验，企业关系资本包括信任、承诺、专项投资、冲突管理、有效沟通和联合行动六个维度，六维要素对促进原子企业与知识转移目标组织间的知识转移效果起到了积极的影响作用。因此，本书的实际意义是提醒企业应注意积极与外部不同的企业群体网络建立联系，提高网络关系的密度、稳定性和亲密度，跨组织学习和沟通，从而促进组织间知识资源流动和转移的效果，提高企业知识存量，确保创新活动的顺利开展。

企业关系资本可以促进知识转移效果，同时通过知识转移意愿的中介作用，可增强知识转移效果。本书侧重于研究企业关系资本对知识转移效果的影响，并对企业关系资本的不同单个维度对知识转移效果的影响进行了研究。除此之外，本书探讨了企业关系资本对知识转移效果影响的内涵机制，提出了路径中介变量知识转移意愿。通过中介效应分析，我们发现，在企业关系资本的各维度与知识转移效果关系中，知识转移的意愿在具体投资、冲突管理与有效沟通和知识转移效果之间的关系中起到了充分的中介作用，但在信任、承诺和共同行动与知识转移之间起到了部分中介效应。这一结论有助于发展企业资本影响知识转化的过程机制效果的模型，体现了企业群体网络中关系资本对知识共享与转移在促进形成企业网络利益共同体中的关键作用。

6.2.3 揭示企业网络能力在企业关系资本影响知识转移意愿的调节作用

正如个人的“搞关系”能力对个人社交活动的重要性一样，企业关系资本对企业与其他组织的社交一样重要，它是基于组织之间关系的一种潜力资源。企业关系资本的价值离不开企业所处的社交网络环境。因此，本书试图从企业群体网络环境的角度揭示企业关系资本在知识转移意愿和知识转移中发挥调节作用的原理。企业网络能力的相关研究认为，企业关系资本对知识转移意愿的促进与其网络能力中的审视网络规划、优化关系网络、创建网络关系和占据中心位置能力有关。因此，本书提出企业网络能力在关系资本与知识转移意愿之间中发挥调节作用的假设。经验测试后，该组的6个子假设中有2个未通过测试，其他假设获得了经验支持。也就是说，在企业关系资本的专用投资、冲突管理、有效沟通和共同行动维度中，企业网络能力的调节具有重要意义，而对于信任和承诺的情感维度则被证实是没有调节作用的。本书认为，可能的原因是：企业网络能力的审视预判、创建网络、关系优化和占位能力会增加企业与其他组织关系的不确定性，而企业本身的信任和承诺情感因素具有针对某特定对象产生的非理性的强烈的认同情感，基于这种情感，伙伴企业之间的信任和承诺不会因企业所处网络环境关系的改变而轻易改变。因此，企业网络能力并不能对企业关系资本中的情感维度信任和承诺对知识转移意愿的影响进行调节。实证结果表明，企业网络能力的调节在这两个维度之间的关系和知识转移意愿并不显著，但是在专用投资、冲突管理、有效沟通和共同行动与知识转移意愿的关系中起到了调节作用。

6.3 研究局限及展望

6.3.1 本书的局限与不足

本书的局限性主要体现在以下两个方面：第一，本书对知识转移效果的动因研究存在局限性。后续研究不仅仅局限于关系资源的视角，还要考虑其前置动因，比如跨组织知识转移的情景对企业关系资本起作用的影响，对影响企业知识转移效果的动机的透视和全面调查；第二，本书分析了企业关系资本对知识转移效果影响的机制，主要采用建构理论模型并使用实证分析软件按照理论模型建构结构方程进行实证检验的方法。这种验证方法属于实证研究的科学研究方法。学者们对实证研究和质性研究的孰好孰坏存在仁者见仁智者见智的看法，但总体来说，这两种研究方法都有其局限性，由于本书是基于数据的实证研究，主要是依靠数据的收集去验证理论假设，因此它存在数据依赖等局限性,降低了研究结论的可信度。后续研究可以通过具体案例分析，选择具有差异化关系资本的企业，通过案例的质性分析，分析企业关系资本对知识转移效应的影响和影响路径。

6.3.2 未来研究展望

（1）深入探讨企业关系资本对知识转移效果影响的内在机制，从更高的角度去分析企业知识转移效果的前置动力。比如，知识转移的情景对企业关系资本的影响和知识转移意愿对知识转移行为的影响，以及知识转移效果对企业知识创新绩效的影响等，包含许多中间因素和多个交互周期的复杂因果关系。应深入分析企业关系资本通过企业知识转移效果最终对企业的创新绩效产生影响的过程和内在机制。

（2）在选择研究方法时，还需要将定性研究和定量研究相结合，例如跨组织的案例研究。关于企业关系资本或企业网络能力对跨组织的知识转移影响进而形成企业网络利益共同体的研究在中国尚处于起步阶段，尚未建立起相对完整的理论体系。随后的研究可以在对大样本数据进行经验验证的同时选择代表性案例。通过实地研究，深入研究每个案例的典型细节，严格按照质性研究的方法分层编码逐步分析和构建影响知识转移效果的企业关系资本路径。

参考文献

［1］包凤耐，彭正银，韩炜．连锁董事网、关联方网与公司治理绩效的影响［J］．现代财经（天津财经大学学报），2013（12）：11–19.

［2］包凤耐．企业关系资本、网络能力对知识转移和创新绩效的影响研究［D］．天津财经大学博士学位论文，2014.

［3］宝贡敏，王庆喜．战略联盟关系资本的建立与维护［J］．研究与发展管理，2004，16（3）：9–14.

［4］宝贡敏，史江涛．中国文化背景下的“关系”研究述评［J］．心理科学，2008（4）：1018–1020.

［5］边燕杰，李路路，李煜，郝大海．结构壁垒、体制转型与地位资源含量［J］．中国社会科学，2006（5）：100–109.

［6］边燕杰，丘海雄．企业的社会资本及其功效［J］．中国社会科学，2000（2）：87–99.

［7］边燕杰．网络脱生：创业过程的社会学分析［J］．社会学研究，2006（6）：74–88.

［8］陈晓萍，徐淑英，樊景立．组织与管理研究的实证方法［M］．北京：北京大学出版社，2012：88–97.

［9］蔡莉，葛宝山，朱秀梅，费宇鹏，柳青．基于资源视角的创业研究框架构建［J］．中国工业经济，2007（11）：96–103.

［10］蔡宁，吴结兵．企业集群的竞争优势：资源的结构性整合［J］．中国工业经济，2002（7）：45–50.

［11］蔡双立，孙芳．关系资本、要素整合与中小企业网络化成长［J］.

改革，2013（7）：111-119.

［12］曹红军，卢长宝，王以华 . 资源异质性如何影响企业绩效：资源管理能力调节效应的检验和分析［J］. 南开管理评论，2011，14（4）：25-31.

［13］曹鹏，陈迪，李健 . 网络能力视角下企业创新网络机理与绩效研究——基于长三角制造业企业实证分析［J］. 科学学研究，2009，27（11）：1742-1748.

［14］常荔，李顺才，邹珊刚 . 论基于战略联盟的关系资本的形成［J］. 外国经济与管理，2002，24（7）：29-33.

［15］陈菲琼 . 关系资本在企业知识联盟中的作用［J］. 科研管理，2003，24（5）：37-43.

［16］陈劲，李飞宇 . 社会资本：对技术创新的社会学诠释［J］. 科学学研究，2001，19（3）：102-107.

［17］陈爽英，井润田，龙小宁，邵云飞 . 民营企业家社会关系资本对研发投资决策影响的实证研究［J］. 管理世界，2010，196（1）：88-97.

［18］陈学光，徐金发 . 基于企业网络能力的创新网络研究［J］. 技术经济，2007（3）：42-44.

［19］陈小林，胡淑娟 . 关系资本、关系契约与关系治理——一项文献评述［J］. 生产力研究，2008（4）：142-144.

［20］成良斌 . 文化传统、社会资本与技术创新［J］. 中国软科学，2006（11）：120-125.

［21］储小平 . 社会关系资本与华人家族企业的创业及发展［J］. 南开管理评论，2003，6（6）：8-12.

［22］储小平，李怀祖 . 信任与家族企业的成长［J］. 管理世界，2003（6）：98-104.

［23］曹群 . 基于产业链整合的产业集群创新机理研究［D］. 哈尔滨工业大学博士学位论文，2009.

［24］陈小玲 . 母国网络与企业国际化绩效：来自中国的经验证据［D］. 浙江大学博士学位论文，2014.

［25］丁重，邓可斌．政治关系与创新效率：基于公司特质信息的研究［J］．财经研究，2010，36（10）：85–100.

［26］董俊武，陈震红．从关系资本理论看战略联盟的伙伴关系管理［J］．财经科学，2003（5）：81–85.

［27］杜建华，田晓明，蒋勤峰．基于动态能力的企业社会资本与创业绩效关系研究［J］．中国软科学，2009（2）：115–126.

［28］于艳茹．考虑知识发送方异质性的工程企业知识存量影响因素及驱动机制研究［D］．南京大学博士学位论文，2017.

［29］傅慧．基于知识和学习能力的企业竞争优势研究［M］．北京：经济科学出版社，2009：56–78.

［30］傅家骥．技术创新学［M］．北京：清华大学出版社，1998：365–369.

［31］冯天学，田金信．基于企业内知识转移与共享的激励模式研究［J］．预测，2005，24（5）：9–13.

［32］甘强，王军波．企业资源整合能力探析［J］．企业文明，2009（5）：19–20.

［33］耿新，张体勤．企业家社会资本对组织动态能力的影响——以组织宽裕为调节变量［J］．管理世界，2010（6）：109–121.

［34］关鑫，高闯，吴维库．终极股东社会资本控制链的存在与动用——来自中国60家上市公司的证据［J］．南开管理评论，2010，13（6）：97–105.

［35］侯杰泰．结构方程模型及其应用［M］．北京：经济科学出版社，2004：179–185.

［36］韩炜，杨俊，包凤耐．初始资源、社会资本与创业行动效率——基于资源匹配视角的研究［J］．南开管理评论，2013，16（3）：149–160.

［37］侯广辉，张键国．企业社会资本能否改善技术创新绩效——基于吸收能力调节作用的实证研究［J］．当代财经，2013（2）：74–86.

［38］黄俊，李传昭．动态能力与自主创新能力关系的实证研究［J］．商业经济与管理，2008，195（1）：32–37.

［39］李怀祖 . 管理研究方法论［M］. 西安：西安交通大学出版社，2004：35-137.

［40］林南，张磊 . 社会资本：关于社会结构与行动的理论［M］. 上海：上海人民出版社，2005：34-56.

［41］刘军 . 管理研究方法原理与应用［M］. 北京：中国人民大学出版社，2008：56-88.

［42］卢兵，岳亮，廖貅武 . 组织间隐性知识转移的微分动力学模型［J］. 系统工程，2005，23（11）：44-48.

［43］林莉，周鹏飞 . 知识联盟中知识学习、冲突管理与关系资本［J］. 科学学与科学技术管理，2004，25（4）：107-110.

［44］刘衡，李垣，李西垚，肖婷 . 关系资本、组织间沟通和创新绩效的关系研究［J］. 科学学研究，2010，28（12）：1912-1920.

［45］陆杉 . 基于关系资本和互动学习的供应链协同研究［D］. 中南大学博士学位论文，2009.

［46］廉莉 . 领导—成员交换关系差异对工作幸福感影响的跨层次研究［D］. 天津财经大学硕士学位论文，2017.

［47］刘长义，谢荣见 . 基于技术员工流动的知识转移影响因素实证研究［J］. 科技进步与对策，2011，28（11）：143-147.

［48］陆杉，李丹 . 组织学习、关系资本与供应链绩效关系研究［J］. 中南大学学报（社会科学版），2017，23（6）：77-85.

［49］慕继丰，冯宗宪，陈方丽 . 企业网络的运行机理与企业的网络管理能力［J］. 外国经济与管理，2001，23（10）：21-25.

［50］裴文洁 . 软件行业中质量管理对知识转移的影响研究［D］. 同济大学硕士学位论文，2008.

［51］钱锡红，徐万里，杨永福 . 企业网络位置、间接联系与创新绩效［J］. 中国工业经济，2010（2）：78-88.

［52］任胜钢，孟宇，王龙伟 . 企业网络能力的结构测度与实证研究［J］. 管理学报，2011，8（4）：531.

［53］石军伟，胡立君，付海艳．企业社会责任、社会资本与组织竞争优势：一个战略互动视角——基于中国转型期经验的实证研究［J］．中国工业经济，2009（11）：87–98.

［54］王铁男．企业战略管理（第二版）［M］．哈尔滨：哈尔滨工业大学出版社，2010：67–90.

［55］王雷．外部社会资本与集群企业创新绩效的关系：知识溢出与学习效应的影响［J］．管理学报，2013，10（3）：444–450.

［56］王庆喜，宝贡敏．社会网络、资源获取与小企业成长［J］．管理工程学报，2007，21（4）：57–61.

［57］魏旭光，康凯，张志颖，张敬．生产型企业间信任对合作满意度的影响研究——关系专用性投资的中介作用［J］．预测，2013，32（2）：42–48.

［58］温忠麟，侯杰泰，Herbert W. M. 结构方程模型中调节效应的标准化估计［J］．心理学报，2008，40（6）：729–736.

［59］温忠麟，侯杰泰，马什赫伯特．潜变量交互效应分析方法［J］．心理科学进展，2003，11（5）：593–599.

［60］温忠麟，侯杰泰，张雷．调节效应与中介效应的比较和应用［J］．心理学报，2005，37（2）：268–274.

［61］温忠麟，张雷，侯杰泰．有中介的调节变量和有调节的中介变量［J］．心理学报，2006，38（3）：448–452.

［62］温忠麟，张雷，侯杰泰，刘红云．中介效应检验程序及其应用［J］．心理学报，2004，36（5）：614–620.

［63］武志伟．企业社会资本的内涵和功能研究［J］．软科学，2003，17（5）：19–21.

［64］汪应洛，李勖．知识的转移特性研究［J］．系统工程理论与实践，2002，22（10）：8–11.

［65］钟义信．知识论：核心问题——信息—知识—智能的统一理论［J］．电子学报，2001，29（4）：526–530.

［66］王娟茹，赵嵩正，杨瑾．知识集成条件和模型研究［J］．预测，

2004，23（1）：66-70.

［67］谢洪明，葛志良，王成．社会资本、组织学习与组织创新的关系研究［J］．管理工程学报，2008，22（1）：5-10.

［68］邢小强，全允桓．网络能力：概念、结构与影响因素分析［J］．科学学研究，2006，24（s2）：558-563.

［69］邢小强，全允桓．创新视角下的企业网络能力与技术能力关系研究［J］．科学学与科学技术管理，2007，28（12）：182-186.

［70］徐金发，许强，王勇．企业的网络能力剖析［J］．外国经济与管理，2001，23（11）：21-25.

［71］徐尚昆，杨汝岱．中国企业社会责任及其对企业社会资本影响的实证研究［J］．中国软科学，2009（11）：119-128.

［72］薛卫，雷家骕，易难．关系资本、组织学习与研发联盟绩效关系的实证研究［J］．中国工业经济，2010（4）：133-136.

［73］熊曦．区域产业品牌形成机理及其培育策略研究［D］．中南大学博士学位论文，2013.

［74］阎海峰，陈利萍，沈锦杰．智力资本、吸收能力与组织创新关系研究［J］．研究与发展管理，2009，21（5）：39-46.

［75］易加斌，张曦．国际并购逆向知识转移影响因素研究述评与展望［J］．外国经济与管理，2013，35（7）：12-22.

［76］张书军，苏晓华，代吉林．企业战略选择与绩效：衍生与集群情境下的验证［M］．北京：经济科学出版社，2008：56-87.

［77］朱仁宏，傅惠，代吉林．社会资本、机会开发与新企业绩效［M］．北京：经济科学出版社，2009：113-115.

［78］曾萍，蓝海林．组织学习、知识创新与动态能力：机制和路径［J］．中国软科学，2009（5）：135-146.

［79］朱秀梅，陈琛，杨隽萍．新企业网络能力维度检验及研究框架构建［J］．科学学研究，2010，28（8）：1222-1229.

［80］张生太，李涛，段兴民．组织内部隐性知识传播模型研究［J］．科

研管理，2004，25（4）：28-32.

［81］邹颖.图书馆联盟知识转移浅析［J］.企业科技与发展，2015（7）：114-116.

［82］Achim，W.，Michael，A.，Thomas，R. The impact of network capabilities and entrepreneurial orientation on university spin-off performance［J］. Journal of Business Venturing，2006，21（1）：541-567.

［83］Adler，P. S.，Kwon. Social capital：Prospects for a new concept［J］. Academy of Management Review，2002，27（1）：17-40.

［84］Andrea，F.，Josep，A. Exploring the antecedents of potential absorptive capacity and its impact on innovation performance［J］. The Internatioal Journal of Management Science，2008（2）：173-187.

［85］Aúrelie B. Meanigftil distinctions within a concept：Relational，collective，and generalized social capital［J］. Social Science Research，2009，38（2）：251-265.

［86］Atlan，T. Bring together industry and university engineering schools in getting more out of R&D and technology［R］. The Conference Board，Research Report，1987（4）：213 -221.

［87］Betz，F. Strategic technology management［M］. New York：McGraw-Hill，1993：37-40.

［88］Burt，S. Structural holes：The social Structure of competition［M］. Cambridge：Harvard University Press，1992：233-257.

［89］Bamey，J. Firm resources and sustained competitive advantage［J］. Journal of Management，1991，17（1）：99-120.

［90］Baron，R. M.，Kenny，D. A. Themoderator-variable distinction in social psychological research：Conceptual，strategic，and statistical considerations［J］. Journal of Personality and Social Psychology，1986，51（6）：1173-1182.

［91］Bat，B. Internet entrepreneurship：Social capital，human capital，and performance of Internet ventures in China［J］. Research Policy，2007，36（1）：

605–618.

[92] Bell, G. Clusters, networks and firm innovativeness [J] . Strategic Management Journal, 2005, 26 (3): 287–295.

[93] Benjamin, J. ,Hagedoomb, J. Do alliances promote knowledge flows [J] . Journal of Financial Economics, 2006, 80 (1): 5–33.

[94] Blyer, M. , Coff, W.Dynamic capabilities, social capital and rent appropriation : Ties 1, hatsp pies [J] . Strategic Management Journal, 2003, 24 (7): 677–686.

[95] Bontis, N. Intellectual capital : An exploratory study that develops methods and models [J] . Management Decision, 1998, 3 (2): 63–76.

[96] Bonner, J. M., Kim, D., Cavusgil, S. T. Self–perceived strategic network identity and its effectson market performance in alliance relationships [J]. Journal of Business Research, 2005, 58 (10): 1371–1380.

[97] Bou–Wen, L., Po–Chen, L., Ja–Shen, C. Social capital, capabilities and entrepreneurial strategies : A study of Taiwanese high–technew vetures [J] . Technological Forecasting Social Change, 2006, 73 (5): 168–181.

[98] Campbell, D. , Abdul, R. A longitudinal examination of intellectual capital reporting in Marks Spencer annual reports, 1978–2008 [J] . The British Accounting Review, 2010, 42 (1): 56–70.

[99] Carmeli, A., Azeroual, B. How relational capital and knowledge combination capability enhance the performance of work units in a high technology industry [J] . Strategic Entrepreneurship Journal, 2009, 3 (1): 85–103.

[100] Carmona, L. A., Cuevas, R. G., Cabello M. C. Social and organizational capital : Building the context for innovation [J] . Industrial Marketing Management, 2010, 39 (4): 681–690.

[101] Chen, G. Q., Liu, C. H. , Tjosvold D. Conflict management for effective top management teams and innovation in China [J] . Journal of Management Studies, 2005, 42 (2): 277–300.

[102] Coleman, J. S. Social capital in the creation of human capital [J]. The American Journal of Sociology, 1998, 94 (2): 95-120.

[103] Dalziel, T., Gentry, R. J., Bowerman, M. An integrated agency-resource dependence view of the influence of directors' human and relational capital on firms' R&D spending [J]. Journal of Management Studies, 2011, 48 (6): 1217-1242.

[104] Damanpour, F. Organizational innovation: A meta-analysis of effects of determinants and moderators [J]. Academy of Management Journal, 1991, 34 (3): 66-81.

[105] Durning, R. The eclectic paradigm in the age of audience capitalism [J]. International Business, 1995: 8-15.

[106] Darvish, H., Ahmadib, A., Kafashzadeh, A., et al. Investigating the effects of intellectual capital on organizational performance measurement through organizational learning capabilities [J]. Managementn Science Letters, 2013, 3 (1): 165-172.

[107] Dyer, J. H., Nobeoka, K.Creating and managing a high-performance knowledge-sharing network: The TOYOTA case [J]. Strategic Management Journal, 2000, 21 (3): 345-367.

[108] Education, D. Relational capital and performance of tea manufacturing African [J]. Journal of Business Management, 2012, 6 (3): 799-810.

[109] Eggers, J. P., Kaplan, S. Cognition and renewal: Comparing CEO and organizational effects on incumbent adaptation to technical change [J]. Organization Science, 2009, 20 (2): 461-477.

[110] Edvinsson, J., Roos, L., Roos, G. Intellectual capital: Naviating in the new business landscape [M]. New York: New York University Press, 1998: 55-56.

[111] Granovetter, M. S. The strength of weak tie [J]. American Journal of Sociology, 1973, 78 (6): 1360-1380.

［112］Grant，R. M. The resource-based theory of competitive advantage：Implications for strategy fonmilation［J］. California Management Review，1991：114-135.

［113］Greve，A.，Salaff，J. W.Social networks and entrepreneurship［J］. Entrepreneurship Theory and Practice，2003，28（1）：1-22.

［114］Gulati，R. Alliances and networks［J］. Strategic Management Journal，1998，19（4）：293-317.

［115］Hakansso，H. Industrial Technological Development：A network approach［M］.London：Croom Helm，1987：79-92.

［116］Hall，B. H.，Link，A. N.，Scott，J. T. Universities as Research Partners［J］. NBER Working Paper，2000（4）：67-70.

［117］Hagedoom，J.，Cloodt，M. Measuring innovative performance：Is there an advantage in using multiple indicators？［J］. Rearch Policy，2003，32（8）：1365-1379.

［118］Holmen，E.，Pedersen，A. C. Strategizing through analyzing and influencing the network horizon［J］. Industrial Marketing Management，2003，32（5）：409-418.

［119］Hormiga，E.，Batista-Canino，R. M.，Sánchez-Medina，A. The impact of relational capital on the success of new business start-ups［J］. Journal of Small Business Management，2011，49（4）：617-638.

［120］Inkpen A.，Gurrall，S. The Convolution of trust，control and learning in joint ven tures［J］. Organization Science，2004，15（5）：586-599.

［121］James，L. R.，Brett，J. M. Mediators moderators and tests for mediation［J］. Journal of Applied Psychology，1984，69（2）：599-610.

［122］Jasimuddin，S.，Connell，N.，Klein，J. Knowledge transfer frameworks：An extension incorporating knowledge repositories and knowledge administration［J］. Information Systems Journal，2012，22（3）：195-209.

［123］Jacob- Cohen，P.，West，S. G.，Aiken，L. S .Applied multiple egression/correlation analysis for the behavioral sciences [M] . Oxford : Routledge Academic, 2002 : 69–73.

[124] Kale, P., Dyer, J. H., Singh, H. Alliance capability, stock market response and long term alliance success : The role of the alliance function [J] . Strategic Management Journal, 2002, 23 (8) : 747–767.

[125] Klarl, T. Knowledge diffusion and knowledge transfer revisked : Two sides of the medal [J] . Journal of Evolutionary Economics, 2004, 24 (4) : 737–760,

[126] Kogut, B. Joint ventures and the option to expand and acquire [J] . Management Science, 1991, 37 (1) : 19–33.

[127] Lanny, V. Innovation midwives : Sustaining innovation streams in established companies [J] . Research Technology Management, 2005, 48 (1) : 41–49.

[128] Larson, A. Network dyads in entrepreneurial settings : A study of the governance of exchange processes [J] . Administrative Science Quarterly, 1992, 37 (1) : 76–104.

[129] Lavie, D., Drori, I. Collaborating for knowledge creation and application : The case of nanotechnology research programs [J] . Organization Science, 2012, 23 (3) : 704–724.

[130] Lin, N. Building a network ttieory of social capital [J] . Connections, 1999, 22 (1) : 28–51.

[131] Luk, G., Yau, O. , Sin, L. The effects of social capital and organizational innovativeness in different institutional contexts [J] . Journal of International Business Studies, 2008, 39 (4) : 589–612.

[132] Lee, C., Park, C. S., Vertinsky, I. Relational Capital, Knowledge Transfer and Performance international joit ventures (IJVs) in Korean [J]. Korean Science and Technology in an International Perspective, 2012 : 223–237.

[133] Maskell, P. Social capital, innovation and competitiveness [M] .

Oxford：Oxford University Press，2000：514–523.

[134] Martin–de，C. G.，Ddgado–Verde，M.，Amores–Salvado，J. et al. Linking human，technological and relational assets to technological innovation：Exploring a new approach [J]. Knowledge Management Research & Practice，2013（2）：123–132.

[135] Mehralian，G.，Rasekh，H. R.，Akhavan，P. et al. Prioritization of intellectual capital indicators in knowledge based industries：Evidence from pharmaceutical industry [J]. International Journal of Information Management，2013，33（1）：209–216.

[136] Nahapiet，J.，Ghoshal，S. Social capital，intellectual capital and the organizational advantage [J]. Academy of Management Review，1998，23（2）：242–266.

[137] Oxley. Appropriability Hazards and Governance in Strategic Alliance：A transaction Cost Approach [J]. The Journal of Law and Economics，2001（40）：573–603.

[138] Panteli，N.，Sockalingam，S. Trust and conflict within virtual inter organizational alliances：A framework for facilitating knowledge sharing [J]. Decision Support Systems，2005，3（9）：599–617.

[139] Pisano，G. P. Using Equity Participation to Support Exchange：Evidence form the Biotechnology Industry [J]. Journal of Law，Economics，and Organization，1989（5）：109–126.

[140] Peng，S.，Chan. Dorothy Heide. Strategic alliances in technology：Key competitive weapon [J]. SAM Advanced Management，1993（12）：47–52.

[141] Quinn，J. B. Outsourcing innovation：The new engine of growth [J]. Sloan Management Review，2000，41（4）：13–28.

[142] Ritter，T. The networking company：Antecedents for coping with relationship and networks effectively [J]. Industrial Marketing Management，1999，28（5）：467–479.

[143] Robert Lee. Social capital and business and management : Setting a research agenda [J] . International Journal of Management Reviews, 2009, 11 (3): 247–273.

[144] Sambasivan, M., Siew–Phaik, L., Mohamed, Z. A, et al. Impact of interdependence between supply chain partners on strategic alliance outcomes : Hole of rational capital as a mediating construct [J]. Management Decision, 2011, 49 (4): 548–569.

[145] Simonin, B. L. Transfer of marketing know–how in international strategic alliances : An empirical investigation of the role and antecedents of knowledge ambiguity [J] . Journal of International Business Studies, 1999, 30 (3): 463–490.

[146] Singh, J., Agustin, C. Curvilinear effects of consumer loyalty determinants in irelational exchanges [J] . Journal of Marketing Research, 2005, 42 (1): 96–108.

[147] Szulanski, G. Exploring internal stickiness : Impediments to the transfer of best practice with the firm [J] . Strategic Management Journal, 1996, 17 (1): 27–43.

[148] Sockijad, M., Andriessen, E. Condition for knowledge sharing in competitive alliance [J] .European Management Journal, 2003, 21 (5): 578–587.

[149] Tabachnick, B. G., Idell, L. S. Using multivariate statistics (6th Ed.) [M] . London : Pearson, 2012 : 630–652.

[150] Tsai, W. P. Knowledge transfer in intra–organizational networks : Effects of network position and absorptive capacity on business unit innovation and performance [J] . Academy of Management Journal, 2001, 44 (5): 996–1004.

[151] Vesalainen, J., Hakala, H. Strategic capability architecture : The role of network capability [J] .Industrial Marketing Management, 2014, 43 (6): 938–950.

[152] Williamso, O. E. The Economic Institute of Capitalism [M] .New York : Free Press, 1985 : 38–59.

[153] Wu, F., Cavusgil, S. T. Organizational learning, commitment and joint value creation in inter–firm relationships [J] . Journal of Business Rearch, 2006, 59 (1): 81–89.

附　录

企业关系资本与知识转移效果关系研究调查问卷

2017 年 7 月 26 日

填卷说明：首先感谢您能够打开本问卷，此问卷主要是用于调查贵企业所拥有的与其他人或组织的关系资本对组织间知识转移效果的影响调查，请您根据您所在企业的实际情况填写，在您认为对的选项对应的□打"√"，本问卷为单选题。请您放心填写，您所填写的内容只是用于进行科学研究，不会用于其他用途，且为不记名问卷调查，请您不用担心信息泄露，请放心填写。

本问卷所有问题的评价均采用 5 级评价，请您仔细衡量并如实填写，不会用于评价贵公司的相关能力，如您有任何疑问，请联系我们。

非常感谢您对我们的帮助和付出的宝贵时间！

第一部分企业关系资本

		很不同意	不同意	一般	同意	很同意
AA1.	我们信任关联企业可以很好地履行其责任	□	□	□	□	□
AA2.	我们信赖关联企业的技术专业程度	□	□	□	□	□
AA3.	我们信赖关联企业不会泄露我们的机密	□	□	□	□	□
AA4.	我们信赖关联企业所提供信息的准确性	□	□	□	□	□

		很不同意	不同意	一般	同意	很同意
AB1.	我们承诺与关联企业的合作遵守互惠互利的原则	□	□	□	□	□
AB2.	我们与关联企业致力于保持长久的合作关系	□	□	□	□	□
AB3.	我们会信守对关联企业的承诺	□	□	□	□	□
AB4.	我们相信关联企业对我方也有同样承诺并可以信守诺言	□	□	□	□	□
		很不同意	不同意	一般	同意	很同意
AC1.	为维护关系，我们投入了大量的时间和精力	□	□	□	□	□
AC2.	为维护关系，我们在土地、设备等有形资产方面进行了专门投资	□	□	□	□	□
AC3.	为维护关系，我们在人员、技术等无形资产方面进行了专门投资	□	□	□	□	□
AC4.	我们进行了与关联企业管理者、员工的私人关系投资	□	□	□	□	□
		很不同意	不同意	一般	同意	很同意
AD1.	我们与关联企业间存在解决合作冲突的方法或惯例	□	□	□	□	□
AD2.	我们与关联企业能够监控和预防合作中的潜在冲突	□	□	□	□	□
AD3.	当冲突发生时，我们与关联企业共同努力解决问题	□	□	□	□	□
AD4.	当冲突发生时，双方高管都参与冲突的解决	□	□	□	□	□
		很不同意	不同意	一般	同意	很同意
AE1.	我们与关联企业间具有双向沟通机制	□	□	□	□	□
AE2.	我们与关联企业无保留地与对方分享重要信息	□	□	□	□	□
AE3.	我们与关联企业能够准确理解对方发出的信息	□	□	□	□	□
AE4.	我们与关联企业能够保障所传递信息的准确性	□	□	□	□	□
		很不同意	不同意	一般	同意	很同意
AF1.	我们与关联企业有共同的、可共享的目标	□	□	□	□	□
AF2.	我们与关联企业能够根据目标共同制订行动规划	□	□	□	□	□
AF3.	我们与关联企业能够进行共同决策	□	□	□	□	□
AF4.	面对问题时，我们与关联企业能够共同求解	□	□	□	□	□

第二部分知识转移意愿

		很不同意	不同意	一般	同意	很同意
B1.	我们愿意将自己的工作经验和隐性知识告诉关联企业	□	□	□	□	□
B2.	我们相信关联企业越使用我们的知识，对我们越有好处	□	□	□	□	□
B3.	我们愿意告诉关联企业我们要解决的问题和所需的知识	□	□	□	□	□
B4.	我们愿意接收关联企业传递的知识、经验	□	□	□	□	□

第三部分企业网络能力

		很不同意	不同意	一般	同意	很同意
C1.	我们具有很强的预测网络发展和演化方向的能力……	□	□	□	□	□
C2.	我们具有很强的发现、评估和选择合作伙伴的能力……	□	□	□	□	□
C3.	我们具有很强的与合作伙伴之间维持良好、稳定关系的能力	□	□	□	□	□
C4.	我们具备很强的占据合作关系网络中心位置的能力	□	□	□	□	□

第四部分知识转移效果

		很不同意	不同意	一般	同意	很同意
D1.	通过与关联企业进行知识转移不会花费我们太多的时间、精力等	□	□	□	□	□
D2.	通过与关联企业知识转移，员工知识素质得到很大提高	□	□	□	□	□
D3.	通过使用转移的知识，员工能更好地完成工作	□	□	□	□	□
D4.	企业经常在工作中使用这些接受的转移知识	□	□	□	□	□
D5.	我们对与关联企业间知识转移的效果很满意	□	□	□	□	□

第五部分填表人背景资料

1. 所在企业名称：
2. 您现任职位：
3. 您的性别：
4. 您在该企业的工作时间（年）：
5. 企业（总部）所在城市：
6. 企业成立时间：
7. 企业规模（在岗员工人数 / 人）：

（1）□ 50 人以下　　（2）□ 51~100 人
（3）□ 101~200 人　　（4）□ 201~500 人
（5）□ 501~1000 人　　（6）□ 1000 人以上

8. 企业所有制类型（若为其他，请在后面写明）：

（1）□国有及国有控股　　（2）□集体企业
（3）□民营及民营控股　　（4）□外商独资企业
（5）□中外合资企业　　（6）其他 ______________（请说明）

9. 企业所处的主要行业（若为其他，请在后面写明）：

（1）□电子信息　　（2）□通信
（3）□软件　　（4）□生物医药
（5）□新能源　　（6）□石化
（7）其他 ______________（请说明）

本问卷到此全部填答完毕，请您检查是否有遗漏的部分。

再次感谢您的合作与配合 !!